令和

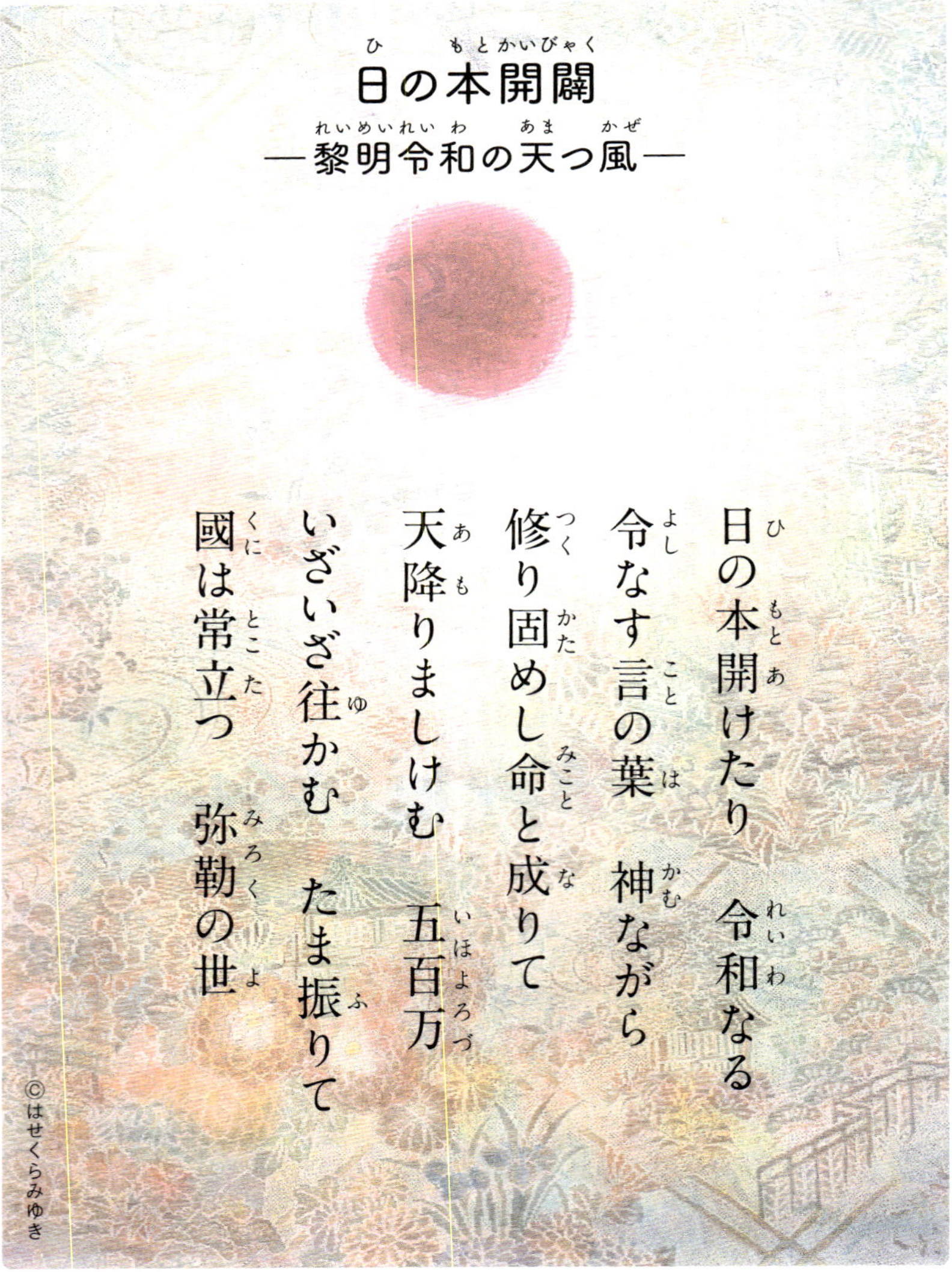

日《ひ》の本《もと》開闢《かいびゃく》

―黎明《れいめい》令和《れいわ》の天《あま》つ風《かぜ》―

日《ひ》の本《もと》開《あ》けたり　令和《れいわ》なる
令《よし》なす言《こと》の葉《は》　神《かむ》ながら
修《つく》り固《かた》めし命《みこと》と成《な》りて
天《あ》降《も》りましけむ　五百万《いほよろづ》
いざいざ往《ゆ》かむ　たま振《ふ》りて
國《くに》は常立《とこた》つ　弥勒《みろく》の世《よ》

この言《こと》の葉《は》を寿《ことほ》ぎとして、どうぞ声に出して、言祝《ことほ》いでみてくださいね。

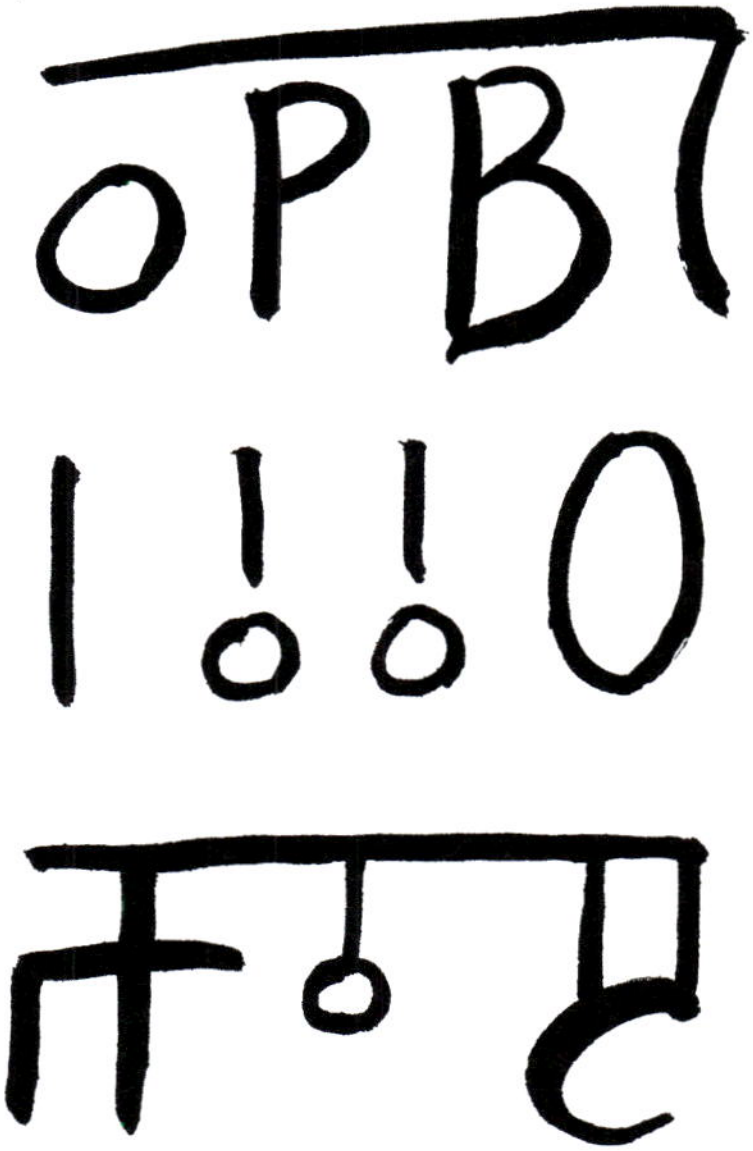

【龍体文字】

新元号「令和」

龍体文字《りゅうたいもじ》は、漢字が伝わる前の、日本語を書いた神代文字《じんだいもじ》の1つです。神代文字は30種類くらいあるといわれています。例えば、「ホツマ文字」「カタカムナ文字」「アキル文字」「ホメミ文字」などです。日本語をしゃべり、聞き、認識してその波動を受けることは日本人らしい心をつくることになり、日本は島国で、幸いなことにどこの国にも占領されていないので、何千年もずっと日本語を使ってきました。その大切な日本語を忘れないために「あわの歌」が作られています。

龍体文字は5500年前にウマシアシカビヒコジという神様が編纂《へんさん》した神代文字です。ということで、天皇家の祖先にかかわるということで、伊勢神宮に保管されていましたが、昭和天皇が安藤妍雪《あんどうけんせつ》先生と面会したときに、龍体文字を見せて書き取ることを許されて、大切に保管しておられましたが、昭和天皇陛下がご崩御された後、ある時、安藤先生に龍神様からのメッセージで「今こそ公開しなさい」とお許しが出て、今日、龍体文字を書いたり使ったりできるのです。

5500年以上前の神様の恵みが、30年以上前の昭和天皇の決意が、今ここに現れているわけです。

れ
い
わ

【龍体文字を自分で書く】

新元号「令和」

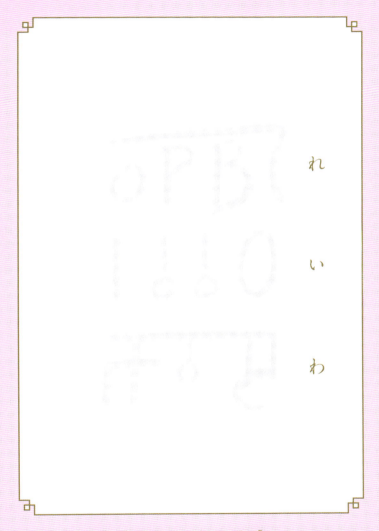

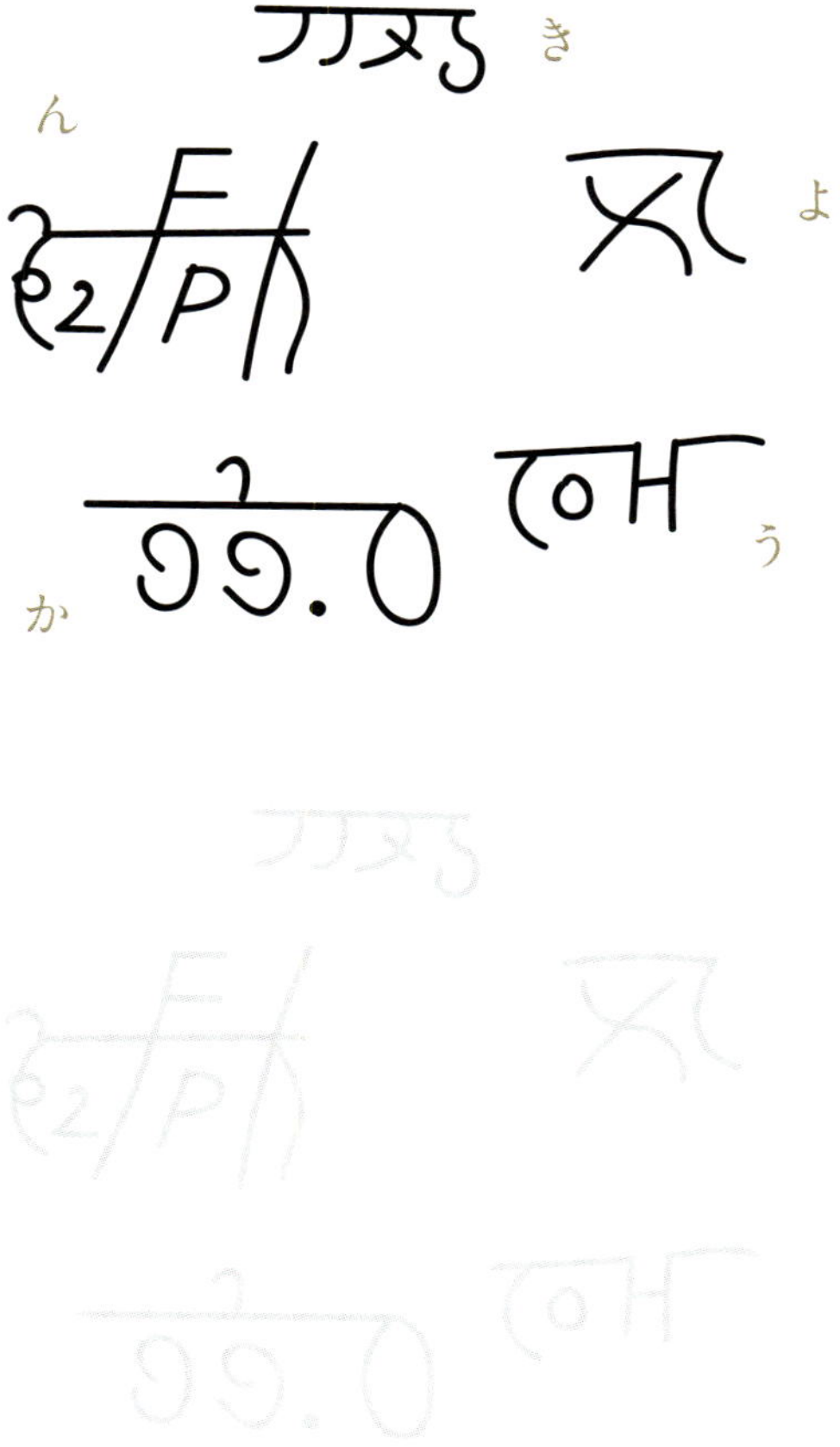

【龍体文字を自分で書く】

新しい時代の新３Ｋ「**共感**」

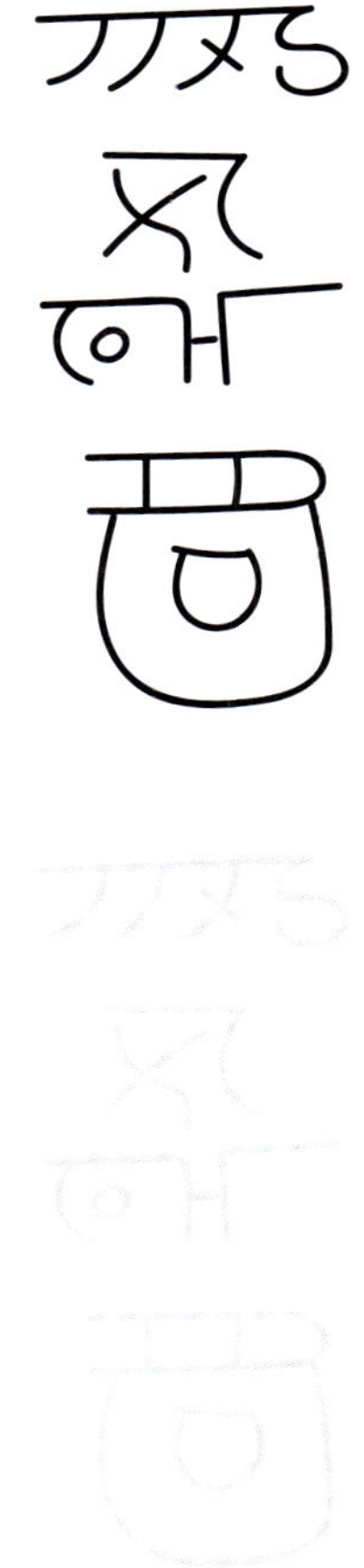

きょうじ

【龍体文字を自分で書く】

新しい時代の新３Ｋ「**共時**」

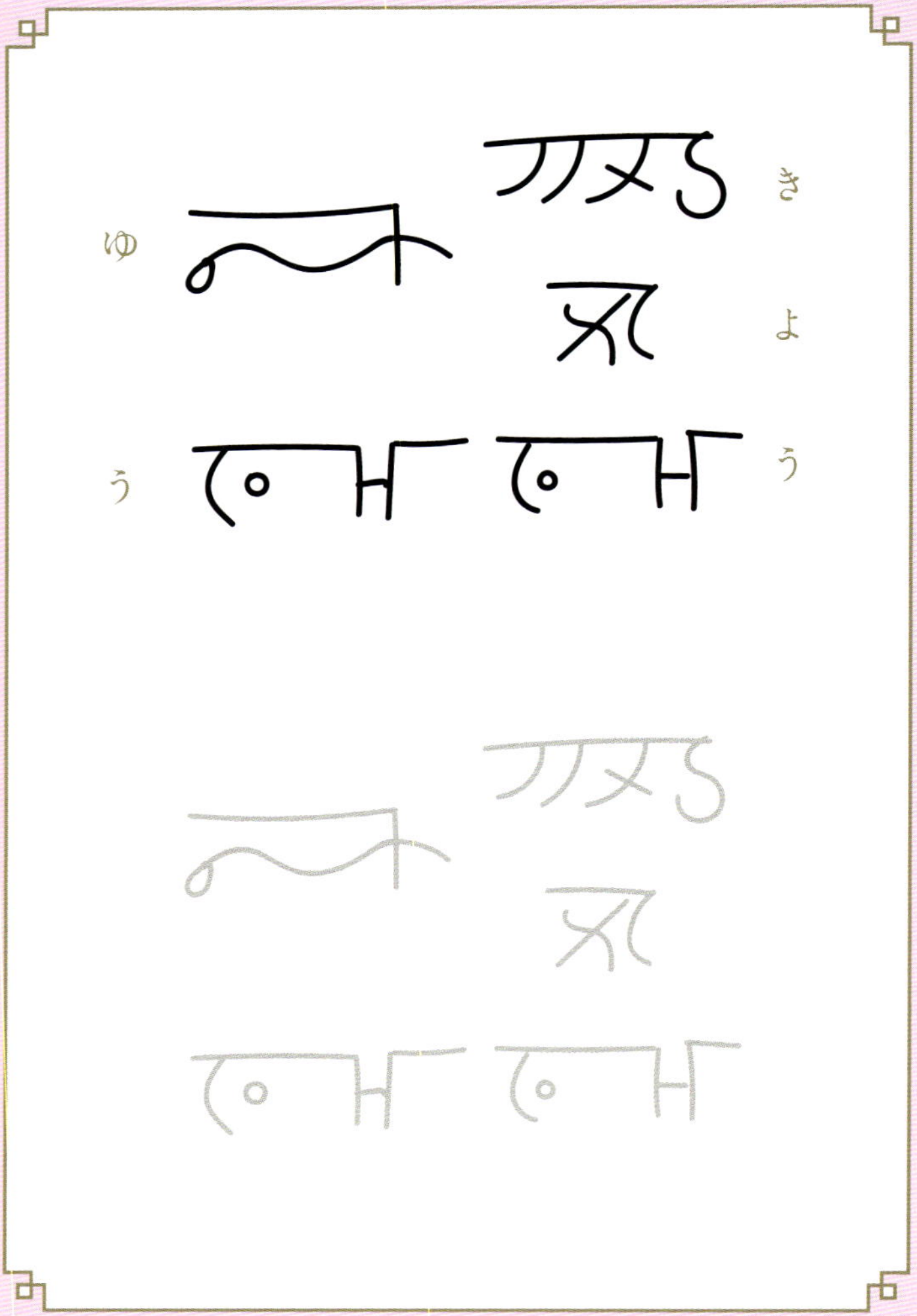

【龍体文字を自分で書く】

新しい時代の新3K「共有」

はじめに——変化を楽しみ進化していく時代

祝・令和元年。
新しい時代が始まりました！
この時代の大きな変わり目を、心と身体を持ってお祝いできるって嬉しいですね。

さて、今、本書を手に取ってくださっているあなたは、きっと、昭和か平成の生まれではないでしょうか？　私たちの多くが二つから三つの時代をまたいで過ごすことになります。

そんな歴史軸の生き証人として、私たちは今、この時代を生きています。
昭《あき》かなる和を経て、平《たい》けく成り、時満ちて迎えた、令《よし》なる和の世界へ。
それはまさしく、私たちが待ち望んでいた世界であり、天意が望んでいた世界でもあります。

この本は、

1　新しく迎えた令和時代の歴史的意義とは？

2　令和時代をいかにして過ごすとよいのか？

3　私たちは、どこへと向かって進んでいるのか？

についての示唆を、内在の叡智を借りて、一気に書き下ろしたものです。

実は、この原稿の本書きとなった執筆期間は、「令和」の元号が発表されてからほぼ三日間です。自分でも驚くほどのスピードでした。

というのは、令和という元号を聞いたとき、まるで内なるスイッチが入ったかのように言葉があふれ出て、そのまま文章として書き起こしたからです。

たしかに、令和元年に向けての書籍をというお話はいただいていたため、大まかな草稿をつくってはいたのですが、なにぶん新元号がわからないと見えてこないものも多々あり、新元号発表の日までは、なんとなく保留という状態だったのです。

その状態から一気に書き終えてしまったので、正直なところ、自分で書いた気がしないのです（笑）。

むしろ、この本に書いてあることは、私たち誰もが持っている本源なる想いが主となって、たまたま、文や絵を描くことが得意な私という個体を通して、アウトプットされたもの、という想いがよぎります。

その意味で、**この本は私の本ではなく、私たちの共通意識が書かせてくれた本なのかもしれません。**

といっても、本書の内容を信じてほしいとか、こうするべき、というのはいっさいありません。

信じる自由も、信じない自由もあります。肯定する自由も、否定する自由もあります。すべて、オールオッケーなのです。

なぜなら、この**自由に選択できる**というそれ自体の中に、自由意志の惑星――地球で生きる醍醐味《だいごみ》があり、多重多層に拡がる宇宙の生成発展に、直接役立っていることを識《し》っているからです。

本書を読んだ中で、もしあなたのいのちがキュンと呼応する箇所があったら、それは、あなた自身の深い部分からのメッセージなのではないでしょうか？

そんなときは、そうっとハートで受け止め、温めてくださいね。

きっとさらなる展開が、あなたの周りで起こっていくと思いますよ。


ところで、新元号となった**「令和」**という二文字。

最初に発表を聞いたときは、意外な感じがしませんでしたか？

たとえば、せっかくの「和」なのに、なんだかキリッとして冷たそうとか、命令の令なので、少し縛りがきつくなる？　とか。

私も一瞬ドキッとしましたが、内在の叡智に聴くと、すぐさま、

「和して結びて　令成《よしな》りて、命なりなむ　神さびて」

という言葉が返ってきました。


なんだかうやうやしい言葉に首をかしげながらも、さっそく「令」の語源を、愛読書である白川静氏の『常用字解』（平凡社）で調べてみることにしたのです。

すると、**令という字は、ひざまずいて神託を受ける人の形から来たもので、神の神託として与えられるもののことを指すそうです。**

つまり、〝神のお告げ〟ですね。

そして、令は、そんな神のお告げを受け、神意に沿って生きることで、「よい」や「立派」といった意味合いへとなっていったそうです。

また、神に近い天子《てんし》などの上位の人が語る言葉も、令として、詔《みことのり》となっていったのだとか。

今回、新元号の出典元となった『万葉集』、「梅の花の歌32首」の序文には、「初春《しょしゅん》の令月《れいげつ》にして、気淑《よ》く風和ぎ、梅は鏡前の粉を披《ひら》き、蘭は珮後《はいご》の香を薫す」と書かれ、令は〝立派な〟を意味する「令月」、和は「風和ぎ」の和からとったとのこと。

見事な月に、和やかな風。梅の香漂う、はんなり美人のおもかげ、もう〜、なんとも麗しい和の言祝《ことほ》ぎでしょうか。

花鳥風月を愛で、柔和なお顔で集っている先人たちの姿が目に浮かぶようです。

そんな令という字。もう一つ驚いたのは、**令という字はなんと、令の字が元となって**

生まれたらしいのです（『常用字解』より）。
うーん、たしかに、形がとても似ていますね。

再び内奥に意識を向けてみると、命という言葉は、ミコトとも呼ぶことができ、それは、大いなる意思（神、大我、真我）が分かれ出でた姿でもあります。

つまり、**みずから肉体を持った神として、わが命（いのち）に吹き込まれ、地上世界に降りてきたんだよ**、という想いが静かに湧き上がってきます。

そんな命たちの果たしたかったことが、次の一字に込められているのです。


それは……和。わ、輪、環。

和やか、穏やか、やわらぎの「和」。


……なるほどそうか。私たちの奥なる願い、真なる望みは、大調和。

大いなる和の民がやりたかったのは、共に仲睦《むつ》まじく、慈《いつく》しみあい、尊びあえる大調和の世界、そんな世界を創ってみたかったんだよなぁ。

湧き上る想いを感じていたら、なぜか決まって胸の奥がキュンとなり、泣きたい想いに駆られてしまうんですよね。

令和——言霊《ことだま》さきわうこの国で、天意は、誰もが使う元号に託して、命《みこと》の中に令《ミコト》を宿し、やり遂げたかった真なる望みを、思い出させてくれようとしているのかなぁと思いました。

同時にそれは、万世に向けて、〝後葉《のちの世》に流《つた》へむと欲す〟（『万葉集』より）ることを望んでいた、**御先祖さまたちからの伝言ではないだろうか**と思えてなりません。

和国の人たちの精神性でもあった、森羅万象の営みの中に霊《かみ》を認め、万物自然の奥にある畏《かしこ》き力を、「令」をもって加持《かじ》感応すること。

そんな命たちが協働して、大いなる和を築きあげていく本番がいよいよやってきた。そして、それは必ず成就していきますよ、しっかりやっておくれ、と天意は元号の名に託して、予祝《よしゆく》してくれているのかもしれません。

天からのエール「令和」。

大切に育《はぐく》みたいですね。

ではいったい、いかにして大いなる和の調えを、果たしていったらよいのだと思いますか？

そのヒントが、新元号の音そのものにあると感じましたので、お伝えしますね。

音の解読に使ったのは、平成26年に発表した日本語再発見ツール「おとひめ（音秘め）カード」です（くわしくは本書の162ページをご参照ください）。

一音一音が持つ種々の意味は割愛しますが、音素が放つ語感をシンボル文で表したものなら、全体的なイメージをつかみやすいと思いますので読んでみてくださいね。

ただそのときは、言葉のニュアンスをビジュアル化しながら、内側で感じてみてください。きっと、よりイメージが膨らんでくると思います。

【令和（れ・い・わ）】

れ……変化を楽しみ　進化せよ　受け取り動いて　拡大せよ

い……いのち　生き生き輝いて　きらめく光　風立ちぬ

わ……わたし　わくわく大調和　あとわ《天地》でひとつ、輪になって

……いかがでしたか？

変化が著しい中、個々のいのちが輝きながら、大調和へと向かい、ワイワイと歩を進めていく、そんなイメージが湧き上がる音霊たちですね。

なお、言霊学的には、ア行からアオウエイで始まった国生み国創りが、カコクケキ、サソスセシ……となって進み、終盤間近のラ行である、最後から2番目にある音が、ラロルレリの「レ」になります。

レとは、極み極まった回転が、拡散霧消してみえなくなってしまう音の響きでもあります。

なので、たくさん変化する。レレレをたくさん言うと、舌が疲れるくらいに（笑）。

そんなレを経て、リ（飛翔）となって、三次元下に具現化されるワ（調和・円満・充足・和・地）の世界へと、とうとういたっていく。

イの意味は「伝わる・光」なので、レとワをつなぐものが、光だったということにな

るんですね。

そんな令和の時代を一言で表すと、**変化を楽しみ進化していく時代**であるとも言えましょう。

本書では、私の文章のほかに、時代の変化を応援する、力強い天からの助っ人をお招きしています。それは、心友である森美智代さんと、彼女が伝えている「龍体文字」です。

森羅万象の流転《るてん》する活動力の気でもあり、天地をつなぐ神様のご眷属《けんぞく》（おつかい）でもある龍神たちのパワーが、年々、強くなっています。

龍体であるわが国日本が、いよいよ本懐を発揮していこうとするこのときに、龍神をはじめ、高次の存在たち、そしてたくさんの、ご先祖さまたちが力を貸してくださろうとしているのです。

このたび美智代さんにお願いして、元号はもちろんのこと、新時代において役立つであろう、パワフルな龍体文字のコトタマを三つ、書いていただきました。

ぜひ、日本語に加えて、パワフルな神代文字である龍体文字を眺めたり、書いたりして、より龍神や天地の気を味方につけてくださいね。

また、最終章のあとには、美智代さんが、ハートフルなエッセイも書いてくださっていますので（183ページ参照）、どうぞお楽しみに。

では、さっそく始めましょう。

令和時代をパワフルに生きるコツ、そしてその先にあるものへ。

それは新しい革袋に新しい酒を入れる、天意と共に歩む旅。

黎明《れいめい》あけたり日の本の、令命《れいめい》結びし和らぎの世界を共創していきましょう。

はせくらみゆき

Contents

第一章　新時代の幕明けへ

第二章　軽やかな時空を生きる

第三章　新時代を生きる新３Ｋへ

第四章

喜びの中で今を生きる

画（カバー、口絵、章扉）　はせくらみゆき
装丁　三瓶可南子
編集　豊島裕三子

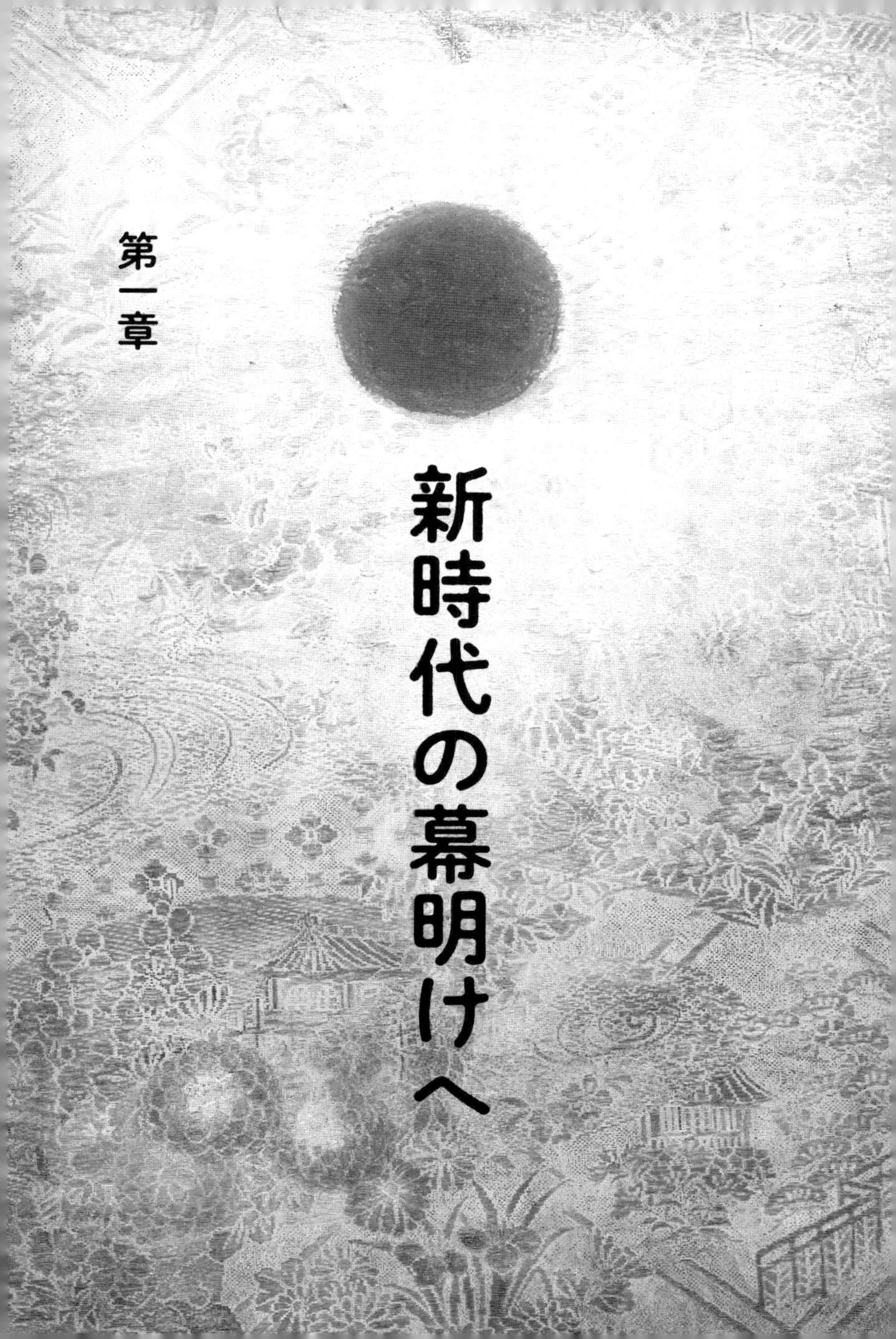

第一章

新時代の幕明けへ

「ドラえもん」のヒミツ道具

♪こんなこといいな　できたらいいな
あんなゆめ　こんなゆめ　いっぱいあるーけどー♪

いきなりですが、この歌、覚えていますか？
ハイ！　そうでーす。
言わずと知れた国民的アニメ「ドラえもん」の主題歌です。

私は幼い頃、「ドラえもん」のアニメが大好きで、大きくなる頃にはひょっとしたら、ドラえもんの4次元ポケットみたいな世界が現れるのかなぁ、なんて思っていました。
残念ながら、まだ、「タケコプター」も、「どこでもドア」も実際に見ることはできていませんが、十分すぎるほど（笑）大人になった今、そんなヒミツ道具を自在に取り出せる4次元ポケットを、私たち自身が、すでに皆、持っていたことに気づいてしまったんです。

……はぁ？　そんなバカな。じゃあ、どこにあるの？（↑ココロの声）

それは、心の中です。
もっと正確に言うと、心の奥深くにあったのです。

普段は、感情の向こう側にあって奥行きがある分、まるで開けにくいタンスの奥にしまい込んだ衣類のように、ちょっと取り出しにくかったのですが、令和の時代となった今、いよいよ、皆が内なる４次元ポケットのありかを知り、自在に使いこなせる時代がやってきたのですね。

本書ではそれを、**「ゼロポアプリ」**（ゼロポイントフィールドとつながること。１０４ページ参照）という表現でお伝えしています。
そのアプリがあったことを思い出し、活用することで、毎日が穏やかさと喜びの中で暮らせるようになるのです。しかも、たくさんのミラクルつきで。
言葉を変えるなら、ドラえもんのヒミツ道具である、「どこでもドア」や「タイムマシーン」「タケコプター」がもたらす世界を、この場、この瞬間にいながら、たった今、味わうことができてしまうというわけです。

とはいえ、必ずしも全員が、そうなるわけではありません。

というのは、**望めばなる、望まなければならない、という非常にシンプルな法則が働いている**のが、この地球のルールだからです。
私たちが住まう星――地球は、それぞれの選択によって現れる世界、見える「現実」が違うという、自由な意思決定によって表現することができる惑星です。
あなたはどんな世界の住人になりたいですか？

求めよ、さらば与えられん、でいきましょう。

今という時代

では今から、ある光景をイメージしてみてください。

それはズバリ、太陽の周りをまわっている惑星たちの様子です。

こう問いかけると、普通は、かつて学校の理科の時間に習った、中心に太陽があって、その周りを惑星がクルクルとまわっている構図が思い浮かぶかもしれませんね。

けれどもこれって、ウソなんです。

実際は、ひとまわりするごとに、次の回旋へと移っているのです。

ですので、クルクルと同じ場所をまわっているわけではなく、ちょうどＤＮＡの螺旋《らせん》構造を見るがごとく、たくさんの惑星たちが、太陽を中心に、それぞれの螺旋軌道を描きながら太陽と共にめぐり、進んでいる、というのが真実なんですね。

その太陽も、同じようにスパイラルを描いて、銀河を周遊しています。

その速さを秒速で示すと約220キロメートル以上！　飛行機にたとえると、羽田～関西空港間が2秒内で往復できてしまう速さです。

そんな猛スピードで銀河の周りを、2億年以上かけて一周する太陽と、その太陽に遅れまいと、必死（⁉）にまわりながら付き添っている太陽系の第3惑星――それが私たちの母なる星、地球です。

現在、太陽を中心とする太陽系は、天の川銀河をまわる旅の中で、宇宙塵（コズミックダスト）などの多い電荷の高い領域を通過中です。

これは1万1000年ごとに訪れ、約2000年かけて通過し、全体として約2万6000年（自転する地球の回転軸がこまの軸のように動く歳差運動の年数と一緒ですね）を一サイクルとして周遊するのですが、この高電磁場領域に入ると、今までの価値観や社会システム、自然事象も含め、大きく変化していく、と言われています。

どのように変化するのかというと、**分離という二極性をもって学ぶ時代から、統合という一極の中から表現していくという、次なる段階へとシフトする時代です。**

これを占星学的には、**「水瓶座（アクエリアス）」**に入るといいます。

アクエリアス時代の特徴をざっくりと三つにまとめてみると……、

❶個人の尊厳が尊重される人道的な社会の確立
❷愛、調和に基づいた互恵社会の実現
❸革新的なテクノロジーの発展

ということになります。

約２０００年続いた魚座の時代（支配・コントロールが中心）から水瓶座（解放・自由）の時代へと、大きく一歩、歩を進めると同時に、２万６０００年のサイクルにおいても、大きな切り替わりを迎えるのですね。

実はそればかりか、さまざまな覚者たちからのメッセージによると、今回のシフトは、歳差運動の単位だけではなく、数十万年、いえ数億年単位ものサイクルとも共振する、非常に重大な、切り替わりの時期とも重なっているそうです。どんどん壮大になってきましたが……（汗）、でも、ぜひイメージしてみてくださいね。

地球の上に立っている自分から、太陽系、天の川銀河、銀河群、大宇宙へと。

そして、今回、銀河の中心から届いている光の波が、あなたを貫き、地球や太陽系、いいえ、宇宙ごと、夜から昼へ移るように、新しくバージョンアップしていくイメージを！


余談ですが、私たちの呼吸は普通の状態で1分間に成人で12〜18回。

打ち寄せる海の波も18回程度。１時間だと１０８０回。24時間だと2万５９２０回。

あら、この数字って……歳差運動と一緒！　ということは、私たちはあえて意識せずとも、最初から、宇宙のリズムを内にいだき、大いなる自然の叡智と共振していたってことなんです。嬉しいですね。

さなぎが蝶になるとき

現在という時代は、一見、混迷を極めているように見えます。

度重なる自然災害や不穏な社会事情、資本主義の行き詰まり、原発問題に海洋汚染、地球環境の悪化などなど……。


日々のニュースで流れてくる、ハッピーとはいいがたい出来事の数々に、ともすれば、この先はどうなるのだろうと暗澹《あんたん》たる気持ちにもなりかねませんが、これを、「新しい時代への序章」ととらえるか、あるいは「真逆」としてとらえるかによって、見える世界、現れる世界も変わってくることでしょう。


私自身は、目に見える混迷は、**さなぎから蝶へと変容するがごとくの、一つの過程**であるとしてとらえています。

もし自分が青虫さんだったらどうなるでしょうか。目に見える世界は、葉っぱや茎が見える世界です。おまけにとても食いしん坊なので、体積以上の餌をもりもりと食べ続けています。

けれども時が来たら、食べるのをやめ、じーっとしています。

そうすると次第に、青虫はさなぎになって、やがて蝶になります。

蝶になった青虫は、かつて見えていた風景とまったく違うものを見ています。

青い空に緑のじゅうたん。自分が食べた葉っぱも、上から全容を見渡すことができるのです。行きたいところはどこにでも、みずからの羽根を使って飛んでいけます。

青虫のときには、想像だにしなかった風景が、たった今、目の前に繰り広げられている、ということなのです。

ところで、さなぎが蝶になるときは、もともとあった細胞組織のほとんどが、いったんドロドロに溶けてから、新たに再構成していくことで蝶になるそうです。これを**「変態」**というのですが、いってみれば私たちも皆、変態中！　であるということです。

ヌースフィアの時代へ

この、さなぎから蝶になっていくようなパラダイムシフトの世界を、ある学者が表現した言葉があります。

それは、ウクライナの地球化学者であるウラジミール・ヴェルナツキーと、フランスの地質学者であるテイヤール・ド・シャルダンが唱えた**「ヌースフィア」**という言葉です。


ヌースフィアとは人間の思考の圏域を示す言葉で、ギリシャ語のヌース（精神・思考）と、スフィア（空間・球）をかけ合わせて創られました。

私たち、生命が暮らしている場――バイオスフィア（生物圏）に対して、その上位に位置するものとして精神圏とも呼べるヌースフィアの概念が生まれたのです。


ただ、生存するだけではなく、よりよく生きる。

しかも誇り高く生きる。

他を生かし、生かされながら、みずからも輝き、生きていく。


こうした人間本来が持つ高次の精神性を発揮しながら、生命体としても進化を遂げていく精神圏の世界。

令和の時代はまさしく、ヌースフィアへの幕明けを告げる時代となるでしょう。

時代と意識の変化

では、ヌースフィアへと向かって、ごきげんな時空のサーフィンをスタートする前に、準備運動として(!?)、まずは今という時代が、人類史の中でどんな立ち位置にあるのかを、見ておきたいと思います。

なぜ、そのことにふれたいかという理由は二つ。

一つは、歴史的な経緯を踏まえておくことで、より深く、今という時代を見つめるために。

二つめは、**あなたという魂の歴史の中から、「過去生」と呼ばれる異なるタイムラインの情報に意識せずともアクセスし、あなた自身の情報更新と、次なるステージに役立つ、応援のエネルギーをいただくために。**

ちなみに、「過去生」というのは、直線的な時間軸でのとらえ方の中で呼ぶ表現であり、実際は、あなたという大いなるいのちの旅の、時空を超えた拡がりの中で、別な時間軸で生活している、同じ魂の異なる表現のかたち――**パラレルセルフ**であるともいえるのです。

「過去」を知ることで、**「過去」と呼ぶ異なるタイムラインで、〝たった今〟、いのちを謳歌しているであろうパラレルセルフの、共振するバージョンと接続することで、あなたはよりパワフルになるのです。**

この概念についての説明は第四章でお伝えしますので、今の段階では、「ふーん、なんだかよくわからないけれど、そんなこともあるのかな?」くらいの認識で、全然かまいません。

まずは、時系列に、人間の意識の変遷を見ていくことにしましょう。

それでは、「ドラえもん」のタイムマシーンに乗って(笑)……Let's go!

人類の始まり

人類の祖先が生まれたのは、数百万年前ともいわれる遥か昔。

その間、地球は大規模な気候変動や地殻変動を何度も繰り返しながら、だんだん今のかたちへとなっていきました（ちなみに、今の日本列島のかたちができたのは、約1万年前です）。

人間は、猿人から原人、旧人、そして新人を経て、現代人の姿になるのですが、この遥かなる旅を考えると、実に長い年月にわたり、親から子へと脈々と、いのちのバトンが引き継がれ、そのいのちの最先端として、我《われ》が今生きているのだと思うと、ジワーッと深い思いになりますねー。

さて、人類は、旧石器時代と呼ばれた先史時代から、新石器時代、青銅器時代、鉄器時代を経て、紀元前3000年頃の4大文明の時代を迎えます。

一方、わが国日本では、1万年以上にわたり、**縄文時代**が続くことになります。

かつて学校で習った縄文時代とは、〝縄文土器（縄文式土器）や土偶、狩猟採集をしていました&貝塚や竪穴式住居の跡などが残る縄文遺跡もあります〟程度の学習内容だったため、それほど重要視されていなかったように思います。

私自身も縄文時代といえば「はじめ人間ギャートルズ」（知っているかな？　昔のテレビアニメです）のような毛皮を着た原始人が狩猟生活を送っているのかな？　程度の認識だったんですね。

けれども当時の研究が進むにつれて、どうやらそうではない、ということが、どんどんわかってきました。

すでに縄文時代から稲作は始まっており、他の雑穀も栽培したり、木の実が採れる木を植樹したりして、定住生活をしていました。また、海の恵み、山の恵みなど、季節ごとに変化していく自然界の恵みを最大限活用しながら、なんと現代人の8割程度まで、栄養摂取もできていたそうなのです。

これだけでもビックリなのですが、さらに驚いたのが、人を殺《あや》められるような武器が出てこないとか、障害のある人ほど丁寧に埋葬されているなど、当時の文化や習俗、精神性について再評価する動きが始まっています。

また、非常に凝った文様である縄文土器や土偶が多数出土しているということは、言葉を変えれば、それだけの時間をかけた凝ったデザインでつくることができるほど、「平和」な時代であったということでもあります（弥生土器は縄文土器に比べて非常にシンプルで簡素です）。

縄文の人々の精神性

そんな縄文の人たちが、どんな精神性を持って暮らしていたのかというと、

❶すべてを生かす恵みの元である、太陽を拝むこと
❷御先祖さまを敬うこと
❸自然を畏敬し、森羅万象の背後にある霊性を感じながら素朴に生きること

……が、暮らしのベースにあったようなのですね。

あれ？　この感覚って、今もあまり変わってないかも。

だって、朝日を見たら思わず手を合わせるし、仏壇にも手を合わせる。そして、鉢植えの植物たちにも「あら、もうそろそろ水欲しい？」なんて言って、水やりしたりしていませんか？

おまけに、私たちが好きな露天風呂や、茶器の均一ではない風合いも、自然のあるがままの姿を良しとする、縄文的美意識の表れともいわれているし、旬を大事にしたり、刺身や鍋料理を好んだりするのも、縄文の名残りといわれているのです。

加えて、私たちが現在使っている日本語の、訓読みの言葉（原日本語、大和《やまと》言葉）は、実は縄文時代の話し言葉がベースだったんです。例えば「縄文」の「縄」の音読みは「ジョウ」で、訓読みは「なわ」「ただ（す）」です。

そう考えると、縄文の心というのは、現代社会において、表面的には忘れられたとしても、私たちの血の奥では、決して忘れることなく息づき、「日本人らしさ」をかたちづくる、精神の基底部として存在しているのかもしれませんね。

さて、タイムマシンの針を進めていきましょうか。

縄文後期――紀元前300年頃より、当時、春秋戦国時代だった中国大陸から多くの渡来人が押し寄せたことで、縄文が終わり、**弥生時代**へ。

弥生から**古墳時代**を経て、仏教が伝来した**飛鳥時代**。

奈良の大仏と東大寺が有名な**奈良時代**、400年近く続いた**平安時代**。

武士が台頭した**鎌倉時代**、武士と公家の融合文化となった**室町時代**。

南北朝と**戦国時代**を経て、織田信長と豊臣秀吉が天下を取っていた**安土桃山時代**。

庶民の文化が栄え、265年続いた**江戸時代**。

鎖国が終わって、日本が近代国家の道を歩み始めた**明治時代**。

大正デモクラシーや関東大震災が起こった**大正時代**。

第2次世界大戦を経験後、驚異的な経済成長を果たした**昭和の時代**。

そして、約30年にわたる**平成の時代**を経て、いよいよ今の私たちが立っている地点、

令和時代となりました！（スミマセン。縄文以降のタイムマシンの進む速度……速すぎ!?）

令和という新しい御代が、黎明と呼べる素晴らしき時代の幕開けだった、と後世の人から呼ばれることを願って、今、この瞬間を、喜びと共に過ごしていきたいものですね。

「森の民」と「砂漠の民」

次に、日本からピョンと意識をスライドさせて、西洋ではどのように歴史のコマが進んでいったかも見てみたいと思います。

古代史を俯瞰してみると、移動型の狩猟採集民であった先人たちが、土を耕すことで作物を得るようになり、定住するようになったのが紀元前８０００年頃。

これを農業革命と呼びます。

農業を行うことによって、安定した食料供給が可能となっていくわけです。

彼らの多くは、緑のある場所（土に種を植えたら作物が出てくる場所）に住んでいました。農作物の収穫高を上げるためには、人々の協力が不可欠です。そうして、共同体が発展していったものと思われます。

一方、痩せた土が多い地域では、農耕よりも牧畜が中心となり、とりわけ、水の確保が難しい砂漠地帯に住む人は、より厳しい生活であったことでしょう。

この2種類の地域に住む人のことを、**「森の民」(作物がとれる土の上に住む民)**と、**「砂漠の民」(乾いた土地に住む民)**という呼び名で分類してみます。

後に西洋を凌駕していったのは、厳しい環境下でも、生き残る術を身につけた「砂漠の民」となったわけですね。

ちなみに、日本は「森の民」のほう。

国土の6割以上が森に囲まれている森林大国・日本は、農耕だけではなく、周りは海に囲まれて、魚介類も豊富です。そのように、食べ物に恵まれている環境だったのですね。

とはいえ、台風や地震、噴火など、自然災害が多発する地域でもあります。

そんななか、**皆で助け合い、分かち合いながら乗り越えてきた、というのが日《ひ》の本《もと》の国の人たちといえましょう。**

さて、「砂漠の民」に話を戻します。

砂漠の民は、もともと生きにくい過酷な環境で育っているため、森の民よりも厳格な統制や秩序を必要とします。

なぜならちょっとした判断ミスによって、死にいたる危険性があるからです。

そんな厳しい環境下で、**支配と秩序を重んじる父権的な階層構造と考え方が、権力や支配を生み、現代にいたるまで、かたちを変えながら、踏襲されてきている**のだと思います。

宗教から科学へ

この父権的な構造は、やがてすべてを統括する絶対神としての神と、その僕《しもべ》である人間という構図を生みます。

そして、その構図のままに、王（もしくは教皇）と民衆、奴隷といった支配体制が確立していきます。西洋ではそうした時代が16世紀まで続き、**人々は神の教えである宗教を信じ、生きることを精神的なよりどころとしました。**

その考えが揺らぎ始めたのは、コペルニクスやガリレオ・ガリレイが地動説を唱えた17世紀から。日本でいえば、関ヶ原の戦いの頃からですが、人々の信じる中心が宗教から科学へと移行し始めたのです。

人々は、ニュートンの古典物理学や、デカルトの物心二元論（精神と肉体は別であるという考え）などの影響を受けて、いつしか、見えないもの（精神、神）より、見えるもののほうに価値を置く生き方へと意識をシフトしてしまったのです。

けれども、そのおかげで、現代社会へといたる原動力となる、科学技術の急速な発展と、商業主義の拡大が形成されていったのですね。

それを後押ししたのが、産業革命です。18世紀半ばから始まりました。

ワットが蒸気機関を発明したことで、動力源がそれまでの人や馬から、石炭と蒸気機関に進化したのです。

これを**第1次産業革命**といいます。

ちなみに日本の産業革命は約100年後の明治時代から。私たちの歴史でいえば、ひいおじいちゃんの時代でしょうか。その頃から、一気に近代化が進みました。

現在は第4次産業革命です

次の**第2次産業革命**は、19世紀後半から20世紀まで。

動力源が石油と電気に転換されたことによる社会変革のことを言います。

重化学工業と耐久消費財の時代です。労働力の主は基礎教育を終えた男子たちで、この時代を象徴する言葉が、大量生産と大量消費です。

今もまだ、この感覚を良しとする方もいらっしゃるとは思いますが……。

けれども、20世紀の後半から21世紀に入ると、**第3次産業革命**が起こります。

これはコンピュータとインターネットの普及による社会変革で、労働力の主は、高等教育を受けた男子中心になります（もちろん女性もいます）。

そういえば、初めて家にパソコンが来て、ネットにつながったとき、「わー、家にいながらにして、大型図書館が利用できる！」と、しみじみ感動したことを思い出しました。

そして今はすでに、**第4次産業革命**です。２０１７年から始まりました。

動力源が太陽や風力といったクリーンエネルギーへと変わりつつあり、労働力の主が、いよいよ人間から、ＡＩ（人工知能）やロボットへ移行し始めたのです。

「モノのインターネット」といわれるＩｏＴ（アイ・オー・ティー）をはじめ、量子コンピュータ、ブロックチェーン、ビックデータなど、あらゆるものがコンピュータと連動しながら、まったく新しい段階へ突入しようとしているのが、現在の私たちが立っている場所です。

このままＩＴ化が進んでいけば、仕事がなくなり、大変なことになるのではないかと心配する向きもありますが、私はそれほど心配してはいません。

なぜなら、古い仕事はなくなるかもしれませんが、それは同時に、今まで考えてもいなかった新しい仕事が生まれるということでもあるからです。

新しい社会保障制度などもできてくることでしょう。ますます長生きにもなっていくことでしょう。ロボットが働いてくれるようになったら、時間もできてくるでしょう。

そんな変化の中、最後に残るのはなんだと思いますか？

それは、**娯楽と哲学**ではないかといわれています。

空いた時間を、いかに過ごすか。何をもって心の充実を表そうとするのか？
人とは何か？　なぜいるのか？　生きるとは？　幸せとは？

古代ギリシャの賢人たちが議論したように、ドラえもんが生まれた22世紀へと向かう時代、再び、この根源的な問いに取り組む時代がやってきているのですね。

意識革命という流れ

人類の起源から、農業革命を経て、第４次産業革命の今へと、駆け足で見てきましたが、この革命という言葉を使って、別な表現をすることもできます。

それは、**農業革命→産業革命→情報革命→意識革命**というとらえ方です。

大きな社会変革、暮らしのあり方に変容をもたらすものを革命と呼びますが、定住し食糧を得るようになった農業革命から始まり、工業化をもたらした産業革命、情報産業が時代の花形となる情報革命、そして、意識革命という、精神のよりどころ、ありどころが、根底から変えてしまう精神の革命が訪れようとしています。

意識という目に見えない領域が主となるため、それこそ意識しなければ認識しづらいのですが、この波は、２０１２年の冬至から始まりました。

そう、皆が「アセンション」と呼んでいた、その日です。

当時、目に見える世界ではとりわけ何も起こらなかったので、実は何も起こっていなかったんじゃないかと、先細りするように話題に上らなくなりましたが、実際は、このときを機に、着々と、地球の周波数をはじめ、私たちの意識のあり方が目に見えて変容してきたのです。

たとえば、癒しとかヒーリングという言葉は、かつてはただのアヤシイ世界の用語でしたが、今では普通に使われる言葉になってきましたものね。瞑想やヨガ、自然食、ビーガンといった言葉も、どんどん市民権を得ています。

余談ですが、30年前から変わらず、ナチュラルライフと食、心や意識について探求し、伝えてきた身としては、やっと生きやすい時代になってきたなぁ〜と胸をなでおろしています（笑）。

目に見えるものから目に見えないものへ。物質からエネルギーへ。さらにその質を上

げていくフェイズ（段階）へ。

意識革命とは、私自身の本源へと還る旅。

私とは何者で、何をしに来たか。

どこから来て、どこへ行こうとするのかを知り、そこをわかりながら生きていくという、**もっとも根源的でダイナミックな社会変革が、時満ちて始まろうとしているのです。**

量子力学の登場がもたらすもの

人がよりよく生きていくために、人は何かのよりどころとなるものや考え方を模索します。

その対象が、宗教であったり、科学、哲学、思想であったりしますが、大きな見方で俯瞰すると、**かつては宗教がその役を担い、今は科学に移行している、**ととらえることができるでしょう。

けれども**現代は、その科学と宗教が歩み寄って、新しい解が生まれていく、**そんな時代となりました。

それは、20世紀になって、**量子力学**が登場したからです。

量子力学とは、陽子・中性子といった原子核以下の非常に小さい領域を扱う学問です。これによって、物質の客観的な実在性を扱う古典力学の根本的な見直しが図られるようになりました。


今も量子力学の研究は毎年どんどん進化していますが、確たるエビデンスを証明する前に、すでにその成果は量子コンピュータなど、さまざまな最新テクノロジーの開発に欠かせないものとなっているのです。

私たち人類は、「量子」という極微で遍満するエネルギー（粒子性と波動性がある）が、私たちを取り巻く世界のすべてにあることを発見したときから、今まで常識とされてきたマクロな物理法則を飛び越え、常識がまったく通用しない、より本質的で精妙な、物質を超えたエネルギー世界への探求が本格化したといえましょう。

意識革命の本質――自分の内側にある神性意識に気づく

さて、ずばり、意識革命とは、どんな意識の革命なのでしょうか？
それは、**自分の中に神を見出す、**ということです。

もう、誰かやどこかや何かに頼るのではなく、自分の内側に、すでに神性意識があることに気づき、そこを知って生きるフェイズです。
もっと言うなら、自分自身が、実は神だった！　と知って生きる、その次元です。

これは、観念論でも比喩でもなく、本源的なリアリティとして伝えています。

このことが身体の奥に沁み、心の中心に根づくようになるにつれて、あらゆるものが変わって見えるようになります。見えるどころか、あなたが体験する現実が変容してくるのです。

ちなみに、**今までの社会変革（農業革命・産業革命・情報革命）は、すべての人に適用される変革でしたが、意識革命においては、完全に個人に委ねられている、認識の革命です。**ですので、必ずしも皆、一緒ではないということは、一応心に留めておいたほうがよいかもしれません。

自分の中に神を見出し、その認識を持って生きる。

誰もが神様であったことを知って生きる。そしてあらゆる存在の中に神を見出す。
そんなフェイズを生きることで、今まで社会に蔓延《まんえん》していた利己的な生き方が終焉を迎え、他人の中に自己を見出し、共に喜び成長し合う、利他的な生き方が始まります。

また、今まで二極対立をもって分離を加速させていたものが、二極は対立するものではなく、補完し合うことで調和を生み出していたのだという和合、融合の意識をもって、一極となり、**二元性から一元性へのシフトが始まります。**
まさしく**分離から統合の時代への移行です。**

科学は、古典物理のニュートン力学から量子力学へと移行し、唯物的な自然科学の世界から、モノとココロは本質的に一体であることを知って発展する、物心一元的な自然科学が発展していくことになるでしょう。

また、市場経済も、我（我ら）だけ、今だけ、ここだけよければいいといった、私利私欲に基づいた資本主義は終焉を迎え、気づいた人から順に、**利他的精神に基づいた共有、共創をベースとする新しい経済システムや産業を創出していくこと**になるのではないでしょうか。

このように生きる中心となる、ものの見方が変わることで、行動様式が変わり、それはやがて社会にも影響を及ぼし、地球全体に及んでいく、といったイメージです。

つまり、**暴力・財力・権力を中心とする力の原理から、尊厳と信頼、自由を中心とする愛の原理に衣替えしていくわけです。**

さあ、楽しみになってきましたね。

２０１２年冬至から始まったマインドシフトの種が、数年かけてじっくりと育ち、いよいよ、あなたを通して可視世界へと表れてくるスタートの時を迎えたのです。

我の中に神を見出す、神意識と共に生きる時代、これが令和時代のニュースタンダードです。

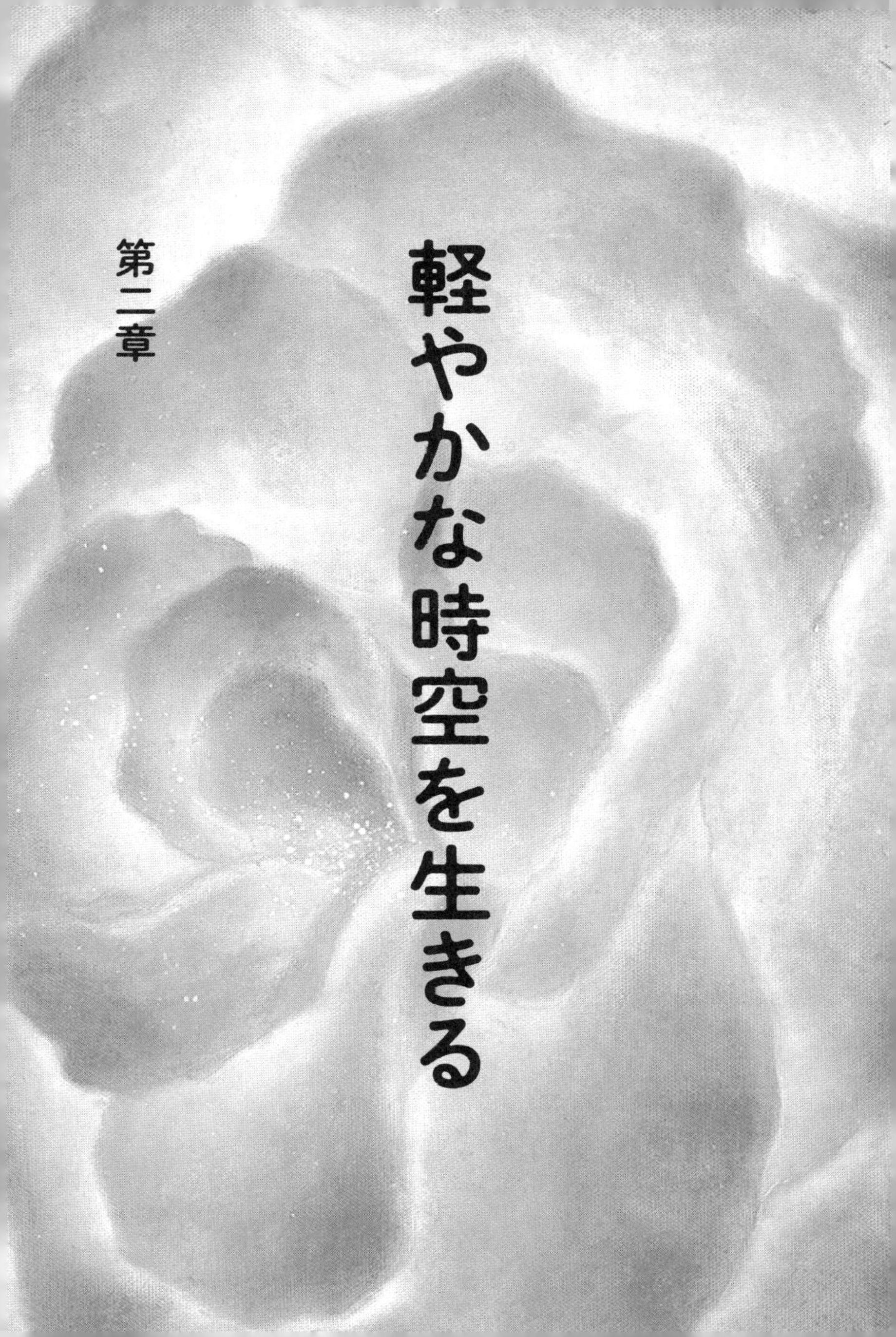

第二章

軽やかな時空を生きる

幸せって、どういうこと？

私は、現在、３人の子の母親です。

といっても、すでに子どもたちは成人していますが。けれども、気持ちはまだママなので（笑）、それぞれの子が赤ちゃんだったときのこともよく覚えています。

当時私は、赤ちゃんだった息子の頭をそっと撫でながら、あることをつぶやいていました。それは、

「元気で大きくなってね」「幸せでいてね」

という言葉。

祈りにも似たそのつぶやきは、表現は違えど、おそらく親ならば、誰しもが願い、思っていることなのではないでしょうか？

見方を変えれば、私たち自身が、そうして親たちから祈られて、ここまで大きくなれた、ともいえますね。

あぁ……ありがたいことですね。

幸せを願う心。


その想いは、親から子へと、代々引き継がれ、遠い未来の子孫にまで及んでいます。

では、そんな「幸せ（幸福）」とは、どういう状態を指す言葉だと思いますか？

あまりにありふれた言葉だけに、あらためて問いかけられても、ちょっと戸惑ってしまうかなぁ？

辞書で調べてみると、

「満ち足りていること。不平や不満がなく楽しいこと。またはそのさま」

を、幸せと呼ぶのだそうです。

ふーむ、なるほど。

ということは、何をもって満ち足りるのか？　どうしたら不平不満を持つことなく、楽しい状態でいられるか？　が重要になってくる、ということですね。

これだけを見ても、「幸せ」とは、外的な世界というよりも、かなり内的な心の状態を指す言葉であるというのがわかります。

とはいえ、私たちは普段、お金や家、車、地位や名誉、特定の出来事や人など、何かを得ないと幸せになれないというふうに、目に見えるモノやコトを満たすことに意識が向き、それが幸せであると思い込んでしまう節があります。

それはとてももったいないことです。

なぜなら、そうした物質的なものは、感情的な満足を得るための一つの手段にすぎないからです。

それそのものが目的になると、常にさらなる上を追い求めてしまうため、一時的な満足は得られても、幸福感を持続するのが難しくなります。

欠乏の窓か、充足の窓か？

幸福感が感じられなくなる真の理由は、みずからが、「今はまだ幸せではない」と認識していること――つまり、今の自分は満ちていないという、「欠乏」の窓から世界を見渡しているからです。

けれども、「すでにある」「満たされている」「十分である」という、「充足」の窓から世界を見渡すと、自分を取り巻く世界の見方が、驚くほど一変するのです。

たとえば、今日もまた、朝、目覚めることのできる幸せ。
美味しいものを食べられる「幸せ」。
我慢していたトイレに行けたあとの「幸せ」。
楽しい仲間や、愛する人と触れ合える「幸せ」。
身体を動かすことのできる「幸せ」。
好きな音楽を聴いたり、観たいものを観られる「幸せ」。
心地良い風に吹かれたり、道端の風景に感動できたりする「幸せ」。
望みのもの（モノでもコトでも）が得られても、もちろん「幸せ」。
一日の終わりに、ゆっくり湯船につかるって「幸せ」。

「充足」から見た世界を通して、幸せを感じることができると、自ずと「感謝」の気持ちが生まれてきます。「喜び」の気持ちも湧き上がります。

そんな思いが全身にも伝わるので、身体全体もほころんで、笑顔も出ます。

このように、**幸せとは、心と共に身体も充足感で満ちていく、という状態を指します。**

欠乏から見るのではなく、充足から見えていく世界。

だめだ、不足だ、足りてない、の見方から、自分だけ、今だけ、ここだけよければと思い、競争と支配の中で暮らす世界の住人と、いいね、十分だね、満ちている、の見方から、私もあなたも、いつでもずっと、そこかしこにと思って、分かち合いと共創、自由の中で暮らす世界の住人。

新しい時代は、あなた自身がどの窓から見るかで、体験しうる現実が見事なまでに変わっていきます。

ぜひとも軽やかなヌースフィアの次元と共振して、黎明もたらす令和の時代を創造していきましょうね。

現実を変容させる最大のキーポイントとは何か？

とはいえ、現実って、言葉で言うほど甘いもんじゃないよ、という声も聞こえそうですね。

しかしながら、そのように思った方は、「現実は甘いものじゃない」という条件づけで、現実を歩んでいくという初期設定値を、無意識にゲームルールとして創ってしまっている可能性があります。

この意識せずして創ってしまった初期設定値のことを、「固定観念」や「思い込み」あるいは「信念体系」といいます。

思い込みは、しばしば、「これはこういうものだ」「こうに違いない」「こうすべき」「～ねばならない」といった制限をつくる言葉で表現されます。

それは自分の可能性の幅をせばめ、ある一定の周波数領域の中でしか、心地良く動けなくなる意識の鋳型《いがた》です。

とはいえ、違う見方をすれば、その信念の範囲内で現実が現れているうちは、安心安全で予定調和な世界がひろがっているわけです。

しかしながら、それらの制限は、しばしば自分を窮屈にさせます。まるで自分の身体をチェーンでグルグル巻きにしているかのように。

この制限は、法律や慣習などの外側からもやってきますが、より強固な制限は、**内側の思考を通してつくられるものです。**

もし、あなたが前述の言葉――〝ねば〟や〝べき〟をよく使っているなら、みずからの縛りがわりとキツイんだな、ということ発見する契機となります。

それはそれでかまわないのですが、もし、みずからの信念体系をゆらがされたりすることがあると、自分の範囲外にいる人やコトを裁きたくなったり、気持ち的にグンと落ちたりしてしまうことがあるので、かたくなに持ち続けているのも、ちょっと不便そうです。

ではこの制限――**思い込みという名の制限フィルター（信念体系）は、どうやって創られていくものなのでしょうか？**

それは、体験から得たものもありますし、親や先生などから教わったありがたい教えや社会通念、常識、宗教や倫理観、習慣など、疑う気持ちすらなく、そうだと信じ込んでいるもの（信じ込まされているもの）が、あなたの現実の核をつくる、信念体系となって作動しているということになります。

ちなみに、かのアインシュタイン曰く、

「常識とは、18歳までに身につけた偏見のコレクションのことを言う」

のだそうです（……わぁ〜！）。

たとえば、こんな言葉がありますね。

「汗水たらして働くべき」「二兎を追う者は一兎をも得ず」、あるいは「頑張らないと成功しない」と、親世代からよく言われていませんでしたか？

たしかに立派な教えであることには違いないのですが、本当にそうだったでしょうか？……必ずしもそうなるわけではないですよね（例：汗水たらして働くべき⇩汗水たらして働くお金持ちってあまり見たことないような……。二兎を追う者は一兎をも得ず⇩マルチな活動で成功している人も多数いる。頑張らないと成功しない⇩頑張ったからといって必ずしも成功するわけじゃない。……って、ちょっとイジワル!?)。

このように、**みずからに課した制限フィルターがあることを認め、それを一つひとつ外していくということが、現実を変容させる最大のキーポイントです。**

思い込みという名の制限フィルター

では、どうやって外していけばよいのでしょう?

それは、同じパターンに入ってしまうと感じる現象の元となっている信念に気づいていく、ということです。

気づけば、終わります。……ストン。

「あっ、この考え方のクセが、○○の事象を引き起こしていたんだな！」という感じで、ハッと気づいたとき、すでにそのルールは、ゲームオーバーで完了です。

気づいたあとは、

「あ～なんで、私っていつもこう考えちゃうんだろう」

ではなく、すかさず、新しいゲームルールを設定してしまうことをお勧めします。

すると、もれなく（笑）新ルールに沿って、新しい現実が構築され始めるからです。

脳内でいうと、今まで慣れ親しんでいたニューロネットの接続場所が変わり、新しいシナプス（神経と神経のつなぎ目）によって接続された違う部位のニューロネットが活性化していくのです。

ぜひ、自分にとってワクワクするルール、心がふわぁっと広がって嬉しくなるもの、かつ他の人たちもハッピーになれちゃうような、新ルールを設定してみてください。

きっと、ニコニコ、ドキドキの未来が拓けてくることでしょう。

たとえば、新しい信念体系として、前述の言葉を変更してみると、

「汗水たらして働かなくてはいけない」⇩「汗水たらして遊び倒してリッチマネー♪」

「二兎を追う者は一兎をも得ず」⇩「二兎を追う者には五兎も来ちゃう」

「頑張らないと成功しない」⇩「うっかりやっても大成功！」

というように（笑）。


私たちが見ている世界は、見えるものを見ているというよりも、見たいものを見たいように見ている、といったほうが真実です。

見たいものというのは、自身が信じている「現実」です。信じる限界が現れる限界を創っています。

逆を言えば、みずからの信じる限界が広がるたびに、見える世界、現れる世界がどんどん変わっていくのです。それはもう見事なほどに。

どうぞ時空のサーフボードにピョンと乗りながら、より自由度の高い創造の世界で、みずからを主人公とする創造の物語をクリエイトしていきましょうね。

私の変容体験——半身不随からの奇跡

……な〜んて、エラそうに言っておりますが、実は私自身も、かつては固定観念バリバリの人でした。

そのなかでももっとも強固だった信念が「頑張らなくっちゃ」というもの。

というのは、もの心ついた頃から「頑張る」のが当たり前で、何をするにも頑張ってやるべきだし、それが人として生きる正しい道だと思っていたのです。

その信念が突然強制終了となって終わったのは、今から16年前のこと。

頑張りすぎて、倒れたのです。しかも半身不随というおまけつきで。

それは転勤族だったわが家の、五度目の引っ越しのときでした。ぎっくり腰と荷物整理、仕事の締め切りが重なり、常時過労気味だった私は、脳卒中になってしまったのでした。

しばらくは、わが身に起こったことに茫然としていましたが、時間が経つにつれて、なぜこの出来事を引き起こしてしまったのだろう？　と考えるようになりました。

よくよく考えた結果、自分にとって今まで常識だと思っていた信念――「頑張るのが当たり前」という考えが、今回のことを引き起こした真なる原因ではないかと感じたのです。

つまり、考え方がもとになっている行動や生活習慣が、悲鳴を上げていたであろう身体の声を無視して、暴走してしまったんだなと思いました。

たしかに、そのときまでの私の口ぐせが「今日できることを明日に延ばすな」でしたし、いつも「頑張らなくっちゃ」と言って、寝る間を惜しんで、決めたタスクをこなしていたのですから。

今思えば、たしかに見かけは立派かもしれないけれど、決して自分を大切に扱っていない、エゴイスティックなマイルールだったなと反省しました。

そして動いているほうの右手で、身体のあちこちをさすりながら、私の身体をかたちづくってくれている細胞や原子たちに、心から謝ることにしたのです。

私の身体にやってきてくれた原子さん、素粒子さん、そして細胞さん、ごめんなさい。本当はあなたたち、たくさんメッセージを送ってくれていたんだよね。休んだほうがいいよ、って教えてくれていたにもかかわらず、聞く耳をもたなくてごめんなさい。きつかったよね、ごめんね……そう言いながら、頭のてっぺんから足の爪の先まで、謝っていきました。

もちろん、親や家族のことを想うと、ひたすら申し訳ない気持ちでいっぱいになりました。今後のことを想うと、さらに不安が広がりました。

私は、ただ謝るしかなく、ポロポロと涙をこぼしていたのです。

すると、突然、身体の内側から、じわりと温かい何かが湧き上がってくるのを感じました。

何だろう？　と思って静かに身体の内側を観察してみると、なんとそれは細胞さんたちの、声なき声であることがわかりました。

細胞さんたちは語ります（というか、以心伝心で想いが伝わってきます）。

「みゆきちゃん、キミがどうであっても、
ボクたちは、キミのことが、ずっとずーっと大好きだよ」

私はびっくりして、身体の内側にもう一度、意識を向けました。

……あぁ、やっぱり、そう言ってくれている！

その想いがハートに真っ直ぐ届いたとき、私の目からまた、涙がこぼれました。


けれども今度は、ごめんなさいの涙ではなく、ただただ、ありがたくて、もったいなくて、胸がキュンとなるような熱い涙でした。

私は「ごめんなさい」のときと同じように、頭のてっぺんから足の爪の先まで、「脳さん、ありがとう」「神経さんありがとう」

……と言いながら、心を込めて「ありがとう」を伝えていきました。

心の眼には、「ありがとう」と言うたびに、伝えた部位が、キラキラと光で輝いていくのが見えます。

そんな光景を意識の奥で見ながら、なんと身体の内側は美しいのだろう、まるで宇宙のようだな、と思いました。

同時に、ふと、これから先、どうなるかはわからないけれど、きっとなんとかなるし、なんとかする。でも、もう私の「頑張る人生」は終わりにしよう。代わりに「楽しむ人生」を始めるぞ！　と決めたのです。

ちなみに**「楽しむ」というのは、自我意識の自分を楽しませるというよりも、真我の自分である「いのち」を楽しませ、喜ばせてあげよう、ということです。**

みずから与えられたいのちを、丁寧に扱ってあげること、同時に水面下でつながっているであろう他のいのちを感じながら、喜び、喜ばせ生きていきたいな、そう静かに思いながら、いつしか眠りに落ちてしまいました。

翌朝、目覚めてみると……、それまでピクリとも動かなかった左半身が、何事もなかったかのように普通に動くようになっているではありませんか！

私自身、心底驚きましたが、それ以上に目を丸くしていたのが担当医でした。

その後、たっぷりと検査を受けたのですが、なんと脳卒中の跡すら消滅していたので

すから、お医者様は頭を抱えて大弱り。結局、入院してから4日目の朝に動くようになり、1週間目には、

「あの〜、医者としては、あまり使いたくない言葉なんですが、奇跡が起こったみたいです。何も悪いところがないんで、出てってください」

と言われ（笑）、無事、退院。

そのときから、私の人生のフェイズが一気に変わっていったように思います。

というのは、そのときどきにできることに集中して、楽しんでやっているだけなのに、なぜかいつもいいように事が運ばれていくのです。

まるで、自分が一歩進んだら、十歩追い風が吹いてきて、いつのまにか想像以上の現実が起こっていく、という感じでしょうか。

あれあれ〜？　という間に進んでいく都合の良い（!?）現実に、今もびっくりさせられっぱなしなのですが、「自我」や「我欲」中心で動かないと決めただけで、こんなにも変わっていくものなんですねー。

こうして、**ものの見方・とらえ方が変化していくことで、現実が見事に変容する**こと

を身をもって体験したのでした。

「感情」にふりまわされない生き方

私たちが通常、人生で起こりうるであろう諸問題は、おもに、人間関係のトラブルや健康問題、恋愛、仕事、お金や財、宗教、環境、社会問題、生きがいに関するものなど、さまざまなテーマに分けられますが、そうした問題を構成しているもとは何かというと、第一に、私たち自身の心が、その課題を問題としてとらえているから、問題になっている、ともいえるのです。

もし、問題視しなければ、何も問題は起こっていない、ということになります。

……何言ってるの？　感情がそれを許すはずないでしょ、と普通は思うでしょう。

そうなのです。

私たちが超えるべきテーマは、事象そのものの前に、つまるところ、この**「感情」**の

取り扱い方法に長《た》けるということでもあるのです。

もちろん、感情は素晴らしい機能に違いありません。

感情を味わうことで、生きる喜びを感じさせてくれますし、逆に絶望感を感じることもできます。

危険を察知して回避することもできれば、怒りや哀しみをもって、相手に深く寄り添うことだってできます。

感情があればこそ、この世界をより深く、味わいと輝きをもって体験することができるのですね。

感情とは、魂が肉体に宿って、地球観光するための、最高のエンターテインメント道具であるともいえます。

けれども、それが機能しすぎてしまったときは、どうなるのでしょうか？

抑えきれなくなった感情は、ともすれば心身の健康を損なったり、適切な判断を見誤ったりと、あまり好ましくはない状況へと陥りやすくなります。

感情はあくまで、「いのち」というあなたの本質に付随した、付属道具（オプション）です。

それ以上でもそれ以下でもありません。

起こること自体にプラスもマイナスもないように、感情にも、本来、良し悪しはないのです。だって、勝手に湧きおこってくるものなのですから。

それなのに、頭の理解や知識の善悪で決めつけて、怒ってはいけないとか、悲しむと損、喜ぶべきである、といったような優劣や正否を勝手につけると、思いどおりにはならないストレスで、本来シンプルに湧き上がる感情の表出を、かえって複雑なものにしてしまうのですね。

ならばいっそのこと、**起こる感情を、そのまままるごと認めてしまう**というのはどうでしょう？

たとえば、

「もう、ムカつく！」（感情）⇩「うん、ムカつく、ムカつく」（自分の心の声）

「ガーン、超落ち込んでるよ」（感情）⇩「うん、超落ち込む。あぁ〜っ」（自分の心の声）

「すごく悲しい」（感情）⇩「うん、すごく悲しいよ、しくしく……」（自分の心の声）

といった感じで、オウム返しのごとく、自分の感情の声に寄り添ってあげるのです。

決して判断しない。ただ寄り添う。わかってあげる。

そうすると、チャプチャプと波打っていた感情さんはだんだん落ち着いてきて、次第に静けさを取り戻していくんですね。

この方法は、感情自体がなくなるというわけではありませんが、少なくとも感情に流されて暴走してしまう、ということはなくなりますので、感情が爆発しそうなときは試してみることをお勧めします。

人生のステージをぐんと引き上げる方法

そのうえで、次のフェイズに進みます。

これはもう、感情の波に飲み込まれない、さらなる進化系の段階です。

それは何かというと、
自己の本源とは何かを知っているか否か？
さらに、自己の本源とつながって生きるというフェイズです。

私とは誰か？

何者か？

このことを、腑に落ちて知っているか否かで、人生に向かう態度が、根底から変化します。同時に、そことつながって生きることで、**人生のステージがぐんと引き上げられていきます。**わかりやすくいうと、**「ツキのある人生」が始まっていきます。**

なぜなら、中心となる核がわかることで、その後の現れに、必要以上に囚われなくて済むからです。

同時に、**宇宙のリズムとも共振するようになり、いいことがいいようにちょうどよいだけ起こるようになりますし、自身と宇宙を信頼し、安心と喜びの中で進むことができるようになるからです。**

具体的な物事の対処の仕方としては、起こる出来事を観察しながら、その事象を通して、我の本源（本質）は、何を学び、気づこうとしているのかという、いのちの視点から成長を図ろうとするでしょう。

ではここで、我の本源とは何かについて、散文詩のようなかたちで著してみましたので、ぜひ、ハートの奥で受け止めながら、感じ取っていただければ嬉しいです（声に出して読んで、自分の内側に聴かせてあげてもよいでしょう）。

◇◇◇◇◇◇◇◇◇◇◇◇◇◇◇◇◇◇◇◇◇◇

私って、誰？

私って、誰？

私の本質って、何？

私とは、身体ではありません。
心でもありません。
感情や感覚でもありません。
起こる出来事でもありません。
人生が私でもありません。

私はそれを見ている、いのちです。
広大無辺の宇宙に、ただ、ありてあるもの、
悠久の時を刻んで、ただ、おわしますもの、
I'M THAT I AM それが私です。

私は私を通して、
起こる出来事と、心と身体を観察しています。

それらは私に、たくさんの贈りものを与えてくれます。
私の中にいる私が、さまざまな「揺れ」を体験するたびに、
私の宇宙は広がり、また、新しく生まれます。

生成消滅する光の点滅、その繰り返しの中で、
私は喜び、歌い、さらなる冒険の旅に出ます。

I'M THAT I AM.
私は身体でもなく、心でもなく、出来事でもありません。
人生でもありません。
私はそれを見ている、いのちそのものなのです。

I'M THAT I AM.　私は私。
私は　愛です。
私は　光です。

私は　いのちです。
私は　すべてです。
愛しています。
愛しています。

◇◇◇◇◇◇◇◇◇◇◇◇◇◇◇◇◇◇◇◇◇◇◇◇◇◇◇◇

私たちは今、人類史上重要なパラダイムシフトの転換点に立っています！

悠久の時を刻みながら、ただおわしますもの。いのちとしてある自己――それが私たちの本当の姿でした。

この本質的な姿のことは、古来、さまざまな呼び方をもって言い表されてきました。

魂、真我、真心、いのち、仏性、神性、空《くう》、無、根源意識、神、サムシンググレート、ワンネス、内在の叡智、宇宙の先見情報、ゼロポイントフィールド（104ページ参照）……などなど、実にバラエティ豊かです。

私を私たらしめている、本当の姿とは何か？

この哲学的な問いに、内側の奥深くが反応していくたびに、長い間、翻弄されたであろう感情ドラマの人生からの卒業を迎え、代わりに、すべての時が贈りものとして感じられる、**新ステージの幕が開くことになります。**

また、「いのち」は、あらゆる創造のもとでもある、ゼロポイントフィールドを有する場でもあるので、そこを起点として、さまざまなフィールド（時空間）に意識の旅を広げることができるようになります。

すると、「私」という可能性が、驚くほどに広がることになり、その進化に自分自身が驚くことになるでしょう。

それはあたかも、ドラえもんの4次元ポケットにあるヒミツ道具を使いこなすようなものでもあります。いえ、本当はそれだけでは収まらない、圧倒的な叡智とパワーがすでに内包されていたことを知り、自身の意識進化に応じて活用しながら、その可能性が無限大に広がっていくことを知る旅でもあります。

現在、私たち人類が立っている地点は、まさしくこの、人類史上画期的なパラダイムシフトの転換点なのです。それは、

神を外に見出すのか？　それとも、神を内に見出して生きるか？

のチョイスです。

あなたの内側は、何を選択していますか？

悩みが来たときは、成長のサイン

さて、次は、再び地球服オプション「感情」に戻って、なかなかコントロールしにくいといわれる感情の対処法について、「みゆき流・ズバッと言うわよ」（笑）の第1弾をお伝えできたらと思います。失礼があったらお許しを！

まず、最初にお伝えしたいこと。

悩みとは何か？　について。

悩みとは……勘違いです！（……わーっ）

悩みとは、いってみれば、汝闇《なやみ》のことでもあり、汝の闇の部分をあえて見ているから、暗く映ってしまうんですね。

けれども闇の正体とは何かというと、光がパッツンパッツンに満ちて、いっぱいになっているので、黒く見えているということなんですね。

つまり、本質的には光の変化《へんげ》した姿であり、一状態にすぎない、ということでもあります。一状態なので、時が来ればまた、変容・変態していくものでもあります。

なので、まず知っていてほしいのは、**「永遠不変」ではない、**ということ。

次に知ってほしいのが、悩みがあなたを覆ったときは、すでにその光が臨界値を超えて、再び白光で輝こうとする直前の状態を「悩み」と呼ぶんだということです。

つまり、必ずその状態からシフトすることができるし（シフトできるからこそ、闇が現れているし）、もうそろそろ次のステージに行くときがきましたよ、という宇宙からのお知らせでもあるのですね。

心は喜びを求め、魂は成長を求めます。

次のステージとは、魂の成長のことです。

魂の成長とは、意識が進化することであり、意識の進化とは、宇宙の法則性である「すべては調和の方向に向かって生成発展していく＝天意＝あぃ＝愛」の方向へと、宇宙との調和度が高まっていくことです。

悩みがきたときは、成長のサイン。

悩みとは、色で言えば真っ黒かもしれないけれど、実は**闇のふりした光だった！**

な～んだ、そういうことだったのか。

ということは、「悩みがあるからどうしよう」じゃなくて、

「悩みがあるので、さぁ、面白くなってきたぞぉ～」

と言って、知恵と工夫を絞り出して進んでみる。そういうチョイスだってあることを知っておいていただけたら嬉しいです。

すごーく悩んでいたとしても、意識の1パーセントくらい!

では次に、悩みを「意識」の観点から見ていくことにしましょう。

我という意識を**顕在意識・潜在意識・超意識**の3層に分けた観点から、「悩み」を見てみると、悩んでいる場所というのは、意識のわずか3パーセントにしかすぎない顕在意識の、さらにごく一部なんです。おそらく、**すごーく悩んでいたとしても、意識の1パーセントあるかないかでしょう。**

あとの99パーセントのほうは、ふむふむ、やったぞ、これを通してどれだけ進化し、大いなるいのちの「情報収集とアップデート」が図れるんだろう? と、ワクワク眺めているのかもしれないのです。

この1パーセントの悩みを、身体にたとえていうなら、ホクロ1個が身体のすべてだと思い込んでいるようなもの。

あなたは全身真っ黒のホクロ人間……そんなアホな!

というわけで、やっぱり勘違い、なのでございます。

自己肯定感の低さがもたらすもの

実は、さまざまな悩みをもたらす感情の、おおもとを辿っていくと、はたまた大きな勘違いの場所——その感情をもたらす源泉の想いにぶちあたります。

それはどんな勘違い想念かというと……。

自己否定や自己嫌悪、無価値感という、**自己肯定感(自分の存在を大切だと感じる感覚)や自愛(自分を愛すること)を低く見積もって自分自身を認識している想念領域です。**

この想いはしばしば、「自分には価値がない」とか「自信がない」「自分が嫌い」「私なんて」「どうせ○○だから」といった言葉などをもって、表現されたりします。

自分の本質は、神とも呼んでよいほどの、大いなる意識そのものなのに、それを認めることなく、ダメ、無理、できないといった、忘却のフェイズを自分の真実と信じて、すっかり誤解してしまっているのです。

なので、やっぱり勘違い。

あるいは、自我意識が創り上げた一つの意識の冒険＝「趣味」と呼んでもよいかもしれません。

とはいえ、いったんいだいてしまった低い自己肯定感は、自分はダメな人間だとか、自分のことが嫌だ……とみずからに刃を向けて、パワーダウンさせるので、本来内側から湧き上がってくる生命エネルギーが低いまま、活性化することはできないため、結果として心も身体もアンハッピーな状態になりやすいのです。

具体的に見ていくことにしましょう。

たとえば、自分のことが愛せないと、その愛を他から埋めようとして、特定のモノや事柄、自分がフォーカスしたヒトに依存し、執着したりもします。

また、それで満足が得られないときは、絶望感や無力感、嫉妬、憎しみ、虚無感が生まれたりもします。

また、自己肯定感の低さからくる「自信のなさ」を、偽りの自己とそれにともなう行為で満足させるために、競争心を燃やしたり、他から承認されることにこだわったり、物質的なものに固執したりして、自己の価値を高く見せようと邁進します。

あるいは、「自信のなさ」を、過度の「いい人」を演じることで、評価を得ようとします（その場合は、たいていあとから疲れます）。

また、地位や名声、名誉に固執するとか、批判、不満、争いの中で窮屈に生きるなど、何かと不便です。

かと思えば、批判されるのが怖いがために、なるべく目立たないように生きようとか、頼まれたらＮＯと言えない、行動できないといった、おどおどした生き方になってしまうこともあります。

他にも、注目を集めて自分のすごさを周囲に知らしめようとしたり、反社会的行為やいじめ、DVや暴力、パワハラ、虚言なども、もとをただせば自己肯定感の低さが原因です。

また、その想いが外ではなく自分自身に向かって流れていくと、つらい思いを紛らわせるために、過食や拒食、心身症や鬱、自虐的な行為、深酒や種々の依存症などにもかかりやすくなってしまうのですね。

こうして見ると、自己肯定感や自愛という想いが、いかに大切であるかということがおわかりでしょうか。とはいえ、実際は、低い自己肯定感のまま人生を送ってしまう人が多数おられることも事実です。とくに日本人は、世界的に見てもその傾向が強いらしいのです。

自分が誰かを思い出す「思い出し」ゲームへ

いのちの観点から見ると、**私とは内在の叡智であり、大いなる一つの表れである、**というのが私たちの真なる姿でした。

ですので、そんな尊き自分を、価値がないと値踏みするのは、まるで見当違いであったということです。

みずからを否定したり、嫌悪したりしてしまうのは、実のところ、自分自身と本質に対して、大変失礼な振る舞いをしている、ということでもあるのです。

とはいえ、この感覚は、いくら言葉や文字で伝えようとも、内側に神（神意識）を見出そうとする思いの方向性がないかぎり、言葉はただのやかましいドラにすぎません。

内なる叡智が持つ、圧倒的な愛と創造のバイブレーションは、頭や知識ではわかりえず、内奥を通して自ずと感受していくものなので、腑に落ちてそうだと思うところまでいかないと、生き方にまでは、なかなか反映しづらいかもしれません。

それでも、気にする必要はまったくありません。

「腑」に落ちるまでいかなくても、実は、大丈夫なんですね。

というのは、誰もが、いずれわかってしまうからです。

今という時代は、意識進化のプロセスの中、長きにわたってやっと完成・成功した、自分が誰かということを忘れる「**忘れんぼゲーム**」から、クルッと方向転換して、今度は自分が誰かを思い出す「**思い出しゲーム**」へと、急速にゲームの種類自体が変わっている最中です。

多少の時間差はあれど、**やがて誰もが皆、みずからに仕掛けたゲームに気づき、仕掛けた本人である、自分自身の本当の姿を知ることになります。**

このからくりがわかってしまえば、自己肯定感は、いやでも高くなります。

というか、高くならざるをえないのですね。

だって、私自身の中に「神」がいるのですから。

見ーっけた！　私の中のカミサマ。

こんにちは。私の中の神意識、ですネ！

心の乗り切り方

では、具体的に「勘違い」感情の取り扱い方法を見ていくことにしましょう。

「みゆき流・ズバッと言うわよ」第2弾スタートです～。


【不安・心配が絶えない】


不安・心配というのは、過去と未来に心を寄せることで生まれてくる感情の質です。

しかしながら、私たちは実は**「今」に生きることしかできません。**

過去は思い出したときにしか現れないし、未来もイメージしたときにしか現れないものです。


不安・心配の感情が出てきたときは、「今」「今」と思って、今この瞬間に意識を向け、今この瞬間の表れを上質なものにするように心がけるとよいでしょう。

そうすることで、今この瞬間の中にある、「未来」と「過去」の質が変わり、結果として表れてくる現実も変わるからです。

つまり、**時間は過去・今・未来という直線ではなく、今というこの瞬間の中に、過去も未来もすべて畳みこまれている**と考えます。

今、本を読んでいる私。

今、お茶を飲んでいる私。

今、息をしている私。

そこに不安はありますか？

心配を持っていますか？

こうして**一瞬の時の中にある今に心を留めて、丁寧に過ごしていくことを心がける、**というのを実行してみるのはいかがでしょうか？

そのレッスンをしているうちに、おそらくは、「不安、心配」とは関係のない時空が、知らぬまに、あなたの前にサーッと広がっていることに気づくでしょう。

【批判される・批判したくなる】

批判されるのは、あなたの中に批判したいという気持ちがあるからです。

批判したくなるのは、あなたの中に批判されるべきものがあると無意識レベルで思っているからです。

自分の中にある枠を超えていたり、みずからの（心の）領域に土足で踏みこんでくると感じると、その居心地の悪さから、批判するという行為をもって安心を図ろうとします。

逆を言えば、自分の中にある枠をどんどん広げ、柔軟にすることで、「気にならなく」なってしまうのです。

つまり、批判されても気にならないし、批判する気も起こらなくなる。

多様性の中で、「いのち」を表現しているので、オールOKの気持ちになってくるのです。

自分の中の批判心が消えないかぎり、「批判」の中で学ぶステージが続きます。

この気持ちの中で落ち着かないときは、ちょっと遠くから俯瞰しながら、より深く自分の中を見つめてみるといいかもしれませんね。

違いを見分ける識別と、違いを裁く批判は、似て非なるもの、批判のステージは飽きたら終わります。

もし、飽きているのに、なかなか終わらないなというときは、批判など気にならないところまで、さらに高く上りつめてごらん、というちょっとひねりのきいた宇宙からの応援かもしれません。

その場合は、批判というスパイスをエネルギーに変えて、ぐんぐん先まで進んでしまいましょう。ファイト！

【嫉妬する・嫉妬される】

まずは嫉妬する編から。

嫉妬の気持ちが湧き上がる＝やったね、おめでとう！　なんですね。

それはどういうことかというと、その人がいる地点まで、あなたも行ける可能性がありますよ、ということなんです。

まず無理！　というときは、嫉妬の気持ちさえ起こらないものです。

なので、あなたが意識せずとも、深いところでは、まだまだ行けるよ（伸びるよ）、というサインでもあるのですが、エネルギーの向き方としては、そのパワフルなエネルギーが相手側に向かっているので、あまり効率がよくありません。

なので、嫉妬へと向けていた自分の大切なエネルギーを自分のほうへと戻して、それをパワーへと変えて精進していくというのはいかがでしょうか？

あなたが嫉妬できる対象は、自分がなりたいもの、得たいものの成功サンプルでもあります。

実際の見本があるので、きっとよりやりやすいはず。超えるのも、自分流に工夫するのも自由自在。すべてを力に変えて、進みましょう。

次は、嫉妬される編。

――おめでとう！

人からうらやましがられるほど、うまくいっているということです。

よくここまで頑張りました！　と、まずは自分で自分を思い切り褒めてあげましょう。

そのうえで、嫉妬のエネルギーは、ベタっとした高密度の低周波の振動なので、これを低密度高周波のサラサラっとした上質なエネルギーに変えてしまいましょう。

やり方は簡単です。イメージの中で、変えていくだけ。

そんなイメトレをしたあとは、嫉妬が羨望（憧れ）へと変わるステージまで、さらに精進して自身が思う道を究めていきましょう！

どんなエネルギーであれ、せっかく来てくれているのですから、毒を薬に変えてしまう「変毒為薬」のごとく、すべてをパワーに変えて、ぐーんと進化しちゃいましょうね！

【恨みや憎しみがある】

この感情は、嫉妬よりもさらにパワフルで、強烈な感情です。

恨みや憎しみを持つのは自由ですが、この感情は、確実に自分を疲弊させます。

つまり、感情の自家中毒状態ともいえます。


仏教でいうと、人生の出逢いには、**順縁**と**逆縁**という2種類の御縁があるそうですが、憎しみが生まれる御縁というのは、逆縁という御縁のほう。

とはいえ、逆縁がもたらされるのは、自分がその御縁を通して、さらに成長していくための出逢いであり、神様から出された課題（レッスン科目）であるととらえたとき、また新たな見方ができるかもしれません。


そして、それは**必ず超えられるからこそ起こっていることを信頼してみましょう。**

山より大きなイノシシは出てこないように、できないことはやってこないのですから。

その課題をクリアしたことで見える、さらに大きく優しい、新たなる自分との邂逅《かいこう》を楽しみにしつつ、「今」あることに意識を集中して過ごしていきましょうね。

【怒りの気持ちが起こる】

怒りたければ怒って、べつにいいんじゃないですか？

ただ、結構疲れちゃいますけれど、ね。

怒りというエネルギーは、ものすごいパワーを使いますし、同時に、怒りの矛先は、対象となるものにも向かうけれど、自分自身にも反射して流れてくるので、取り扱い注意の感情の質ではあります。

とはいえ、怒りは変容するオブジェのようなものなので、ずっと同じかたち、同じテンションのままで居座り続けることは難しいということは知っておいてくださいね。

もし、怒りを伝えたいと願うなら、できれば怒りマックスのときではなく、少々落ち着いて、相手の反応と自分の心を見渡せる程度になってから、怒ったほうが得策です。

また、実際に伝えずとも、自身の怒りの気持ちが収まらないなというときは、これからお伝えする、二つの方法のうち、どちらかを試してみたらよいと思います（二つトライしても、もちろんＯＫです）。

❶「**怒りは光！**」と言って、勢いよく手を打ち鳴らす。
⇩手を鳴らす音の響きによって、怒りのエネルギーが解放され、軽やかになる（光へと還っていきやすくなる）。

❷怒りをもたらす出来事や人、言動など、対象となるものをイメージの中で、重く、硬い、小さなかたまりにしてみる。
かたまりができたら、それを手でぴょーんと投げる動作をして、神様のもとへとお返しする。
少し経つと、かたまりがなくなっているのを感じるので、空いた空間を光で満たすことをイメージする。

怒りはないに越したことありませんが、もし出てきたとしても、怒りのエネルギーと上手に向かい合いながら、どんなエネルギーであれ、乗りこなせるようなエネルギーマスターになるレッスン中だと思ってくださいね。

最後に、さまざまな感情をクリアーする、ミラクルワークをお伝えします。怒りのワークの2番目とも少し似ていますが、より強烈なクイックワークになります。ぜひさまざまなシーンで御活用くださいね。

【赦しのミラクルワーク】

❶自分が気になっている出来事と、そこから湧き出てくる感情を見つめる。

❷1をイメージして、その自分（状況と感情）を、「（まるごと）赦します」と言って、そのまま認める。逆らわない。

たとえば、嫌いという感情があったとしても、「嫌いでいる」のを赦すという感じで。

❸次に、その状況も感情もすべて、大いなる叡智——いのちの源に還すとイメージして、「ゆだねます」と言う。そうして、すべてをいと高きところにゆだね、心のわだかまりのある場所から、持ち去られていくことをイメージする。

❹持ち去られて空いた空間をイメージし、その空間を満たすように、「愛しています、

愛しています」と心で言う。

◆赦しのミラクルワーク解説

「赦します」⇩「ゆだねます」⇩「愛しています」のスリーステップで進む、赦しのミラクルワークは、簡単ながら、**かなりパワフルなリリースワークです。**

これは、「悩み」という錯覚を、大いなる叡智――いのちにゆだねて、愛（天意＝愛）という本来のいのちのあるがままの状態へと戻していくワークなのです。

3ステップを段階的に踏むことで、見えるステージが驚くほど変わっていきますのでお楽しみに。

どうぞ、繰り返しやりながら、心を穏やかさと喜びで満たし、自己肯定感を深めていってくださいいね。

ゼロポアプリをダウンロードする

第二章では、新しい時代の波であるヌースフィアの次元――その軽やかで高振動の精神圏領域と同調するには、今まで大事に温めてきた思い込みや固定観念、信念体系の枠を外し、できるだけ自由で伸びやかな感性を持つことが大切であることをお伝えしてきました。

そのなかで真打ちともいえるのが、**「自分自身の内に神を見出す」**ということでしたが、いのちの本質ともいえる、みずからの神性・根源意識は、意識の構造でいうならば、顕在意識（自覚できる意識・アイデンティティ）⇩潜在意識（無意識・個人の記憶から時空を超えた宇宙全体の記憶まですべて集積している）⇩超意識（あらゆるものの根源をなす原初の意識）の三つの構造のうち、最奥部にあたる**超意識の部分とつながる**ということです。

私は最近、このことを「いのち」と呼ぶだけではなく、新しい呼び名でも呼ぶことを気に入っています。その名は、**ゼロポイントフィールド**。

ゼロポイントフィールドとは物理用語で、**時空や空間を超えたすべての情報がある究極の場のことです**。

無限大のプラスと無限大のマイナスが相殺されてゼロになっている場所。

数字で書くとすれば０＝∞。

時間でいうと、今この瞬間。

場所でいうと、ありとあらゆる場すべて。

それは次元をも超えて全宇宙、空間に遍満しているのですが、もちろんのこと、私たちの意識の場の中にも、ちゃーんとゼロポイントフィールドは存在しています。

このフィールドと接続することと、内なる神とつながるという表現は、ほぼ同義語と考えてよいでしょう。

これからの時代は、このゼロポイントフィールドを意識して生き、そのフィールドを通ってクリエーションしていく、そんな時代になるのだと思います。

私はそれを「**ゼロポアプリのダウンロード**」と呼んでいます。

ダウンロード先は、自分のアイデンティティが存在する、表層の顕在意識です。


実際はもともと持っていたのですが、今まではちょっと気づきにくい場所――奥深くに保管されていたので、一部の人にしか使われていなかったのです。

そのアプリ愛好者のことは「悟っている人」と呼ばれたりしていましたが、これからの時代は、誰もが使いこなすようになるので、「悟り」がゴールではなくスタートとして、新しい時代の胎動をかたちづくっていくことになるのだと思います。


というわけで、お手軽な携帯アプリをダウンロードするがごとく、ゼロポアプリもダウンロードしてしまいましょう。

やり方は簡単です。そう決めるだけ。

「私のゼロポアプリ、ダウンロードされました」

……と意識した瞬間、ダウンロード完了です。

あとは、24時間365日、いつでもどこでも何度でも、使えるようになっていますし、使えば使うほど……つまり、あなたの内なる導きに従って、直観と共に生きるようになればなるほど、ゼロポアプリは自動アップデートを繰り返し、ますます性能よく、パワフルになっていくのです。

この、内なるアプリを皆が共有して使っている時空を想像するだけで、かなりワクワクしています。その時空はきっと、一人の喜びが皆の喜びで、皆の喜びが一人の喜びとなれる、そんな意識を共有しながら、想像を創造へと変えていくのだと思うからです。

うーん、楽しみ！

第三章

新時代を生きる新3Kへ

地球の振動数が上がり、世界がそれぞれの周波数帯に分かれていっている現在、私たちの深い意識は、より高次の時空——マインドシフトした世界と共振しながら、その時空をメイン画面として顕在化させることを望んでいます。

第二章は、そのマインドシフトを果たすための、個人の心のあり方、取り組みについて記してきましたが、第三章では、人や社会との関わりにおいて、何に意識を向けて、どうとらえていくことがその時空と共振することになるのかを、三つの言葉に集約して、お伝えしたいと思います。

新時代を生きる新3Kとは？

これまで3Kといえば、労働環境の悪さを示す、キツイ、汚い、危険を表す言葉として、おもに、肉体労働者に関して使われてきました。

けれども最近は、おもにIT業界で言われている、キツイ、帰れない、厳しいの新3

Kも出てきました。

私たちの便利で豊かな暮らしが、こうした言葉が生まれるほどの環境下で働いている人の尊い働きによって成り立っているのかと思うと、胸が痛みますが（私自身、息子を通して、その状況に似たことをいろいろと見聞きしています）、この本を通して伝えたい新３Kは、まったく別な観点からの提案です。

それは、高次元の波と共振しやすい方法論の３Kで、**「新時代を生きる新３K」**と命名してみました。

三つの言葉は、**共感、共時、共有の新３K**です。

英語で言うと、シンパシー、シンクロニシティ、シェアリングとなるので、３Kではなく３Sになります。

これらの三つに共通する文字は、まさしく「共」。

共に感じる、共感。

共にある時間の共時（性）。

共に有する、共有（化）。

一言でいうと、「共」が、これからの時代のキーワードになってくるのではないでしょうか。

なぜなら、やはり私たち人間は、社会的動物として集団で暮らしているからです。

一人でやるよりも、仲間と共に手を携えながら、力を合わせてより良いものをかたちづくっていくこと。それぞれの個性を尊重し、個人のできることを活かしながら、全体として栄えていくように努力すること。

いわば、**社会や人々ごと、物心共にアップグレードしてしまう、そんな段階がやってきた**のだということです。

21世紀の今、長きにわたる人類の、意識進化のプロセスの中で、待ち望んでいた時代がやってこようとしています。

それは、個人の意識が進化して、個の中に全体を観ることができる、あるいは、全体の中に個を観ることができるという意識進化の段階です。

つまり、今までは、個人のアイデンティティとしてとらえられ、意識のほとんどをしめていた「個我意識」。その個我意識を持ちながらも、集合無意識でつながっている潜在意識と超意識とも深くつながることで、すべてを包括する全体意識として、新たに活動し始めるのです。

脳波でいえば、分離意識であるベータ波中心の意識から、アルファー波、もしくは統合意識であるシーター波が暮らしの中心となって、世界を認識する意識状態です。

具体的には、**個々に自立した独立個人が、みずからの自由意志でつながり、全体の調和と繁栄を願って、それぞれのプロジェクトごとにつながって動いていく**という感じでしょうか。

個人意識から全体意識へ

そこには、嫉妬やねたみ、競争という概念がありません。

かわりにあるのは、愛と尊敬、共存共栄の意識です。

個人の個性を生かし、個人が全体の分体としてあることを知っていることで、すべてが栄えていく世界を、この目の黒いうちに体感してしまおうという「遊び」です。

それは、共感、共時、共有の意識を大切にしながら暮らしていくことで、徐々に実現化していくことでしょう。いつも、一人ひとりの心の内から始まります。

共感ってステキ！

では、新3Kの1番目である、**「共感」**から説明していきましょう。

英語で言えば、シンパシー（sympathy）ですね。

ちなみにsympathyという言葉は、もともとギリシャ語のsynpathes（仲間意識を持つ）からきたもので、語源的には、syn（共に、一緒に）とpathos（感情）がくっついて、sympathyになったといわれています。

共にいる感情、仲間意識となる感情……、まさしく共感です。

この共感の感覚をエネルギーベクトルで見ると、まず相手が発振元です。

相手から発せられるエネルギー振動を受け取って、共振共鳴するという流れです。

このことを一言の日本語で表すと**「寄り添う」**になります。

相手の心、状況、環境、さまざまな思いにそっと寄り添いながら、相手の心をねぎらうのです。

こうした「寄り添うこと」の極みにいらっしゃるのが、わが国の象徴、天皇陛下です。

新しい御代を迎え、多くの国民が陛下に心を向けていますが、それ以上に、私たちは陛下をはじめとした皇室の方々から、長きにわたって、日々、深い愛と祈りによって寄り添われ、護られながら、今があるんですね。

そのことを想うたびに、胸がいっぱいになり、背筋がピンと伸びます。

心を添わせ、思いを寄せる――共感。

そんな優しい心を大切に温めていきたいですね。

共感でつながるもの

さて、この**「共感」を出発点として、「思いやり」を発揮すると、さらにスムーズな流れが生まれます。**

もし、共感のプロセスを経ることなく、「思いやり」を発揮してしまうと、ともすれば、自己満足と呼ばれたり、ただのおせっかいになったりすることも、なきにしもあらずです。

共感をもって思いやりを表す。そんな思いやりの達人になりたいなぁと思います。

ところで、共感する相手についてですが、これは必ずしも人だけに限りません。人以外の対象物——動物や鳥、花、虫や魚、草木や空といった森羅万象すべてのものやコトも「共感」対象なんですね。

それぞれの想い、ありようを、素直な眼で、ありのままに観察し、意識を寄り添わせていく。

そうすると、対象となっているものやコトから発せられている「想い」（想念フィールド）を、自然と感じ取ることができるようになります。

そこにあるのは、あるがままを、あるがごとく感じ取っていく感覚なので、批判や優劣などなく、**ただ静かに、その想いと共鳴させていくという意識です。**

そんな「共感」の感性が身についてくると、感情の好悪や、判断、批判をしなくなるので、結果として、目に見える事象だけにとらわれなくなり、同時に、心の安定も図りやすくなります。

そればかりか、対象物が持つ深い想い（超意識・ゼロポイントフィールド）とも共振共鳴するため、すなわち、共感力が上がること＝すべてとつながっている意識を経由して、いろいろなサポートが入りやすくなるということでもあります。

「共感」ってステキでしょ。

ぜひあなたも「共感」とつながって、マインドシフトされた時空へと、一気に運んでもらいましょうね。

共時性の中で生きる

では、次なるKに移りましょう。

新時代を創る３Ｋの２番目、それは**「共時」**です。

共時性といったほうがわかりやすいですよね。

英語で言うと、シンクロニシティ（synchronicity）です。
syn（共に、一緒に）と、時を神格化した神（時の神クロノス＝Khronos、Chronus）が一緒になっている言葉で、スイスの心理学者ユングが提唱した概念です。

シンクロニシティは、共時性の他に、同時性、同時発生とも呼ばれ、**意味のある偶然の一致**のことをいいます。

もっと簡単に言うと、嬉しいビックリが起こってしまう状態（嬉しくないビックリもありますが）のことを指します。どんな出来事であれ、驚くことが驚くべきタイミングで起こってしまうわけです。

「偶然の必然」とも呼べるかもしれません。

そんなシンクロニシティ。
普段は、日本語訳になった共時性という表現よりも、そのまま英語を略して、「シンクロが起こる」とか、「シンクロした」といった使い方のほうが馴染みがあるため、本文では、そうした表現も使いたいと思います。

ではこのシンクロ。あなたの暮らしの中で、どれだけ起こっていますか？

たとえば……、

・街でバッタリ、会いたいと思っていた人に会えた。
・欲しいと思っていたものをプレゼントされた。
・同じ数字ばかりをよく見かける。
・人や本やネットから、知りたい情報がちょうどよくもたらされた。
・考えていたことが文字化されていた。誰かが言っていた。
・連絡しようとしたら、相手のほうから連絡が来た。

……などなど。

このように、**ちょうどいいことが、ちょうどいいタイミングで、ちょうどよいように起こってくる（現れてくる）というシンクロニシティ**。

この現象がたくさん起こっている人というのは、すでに新時代のバイブレーションを生きている人です。

たとえ、自分には、あまりないなぁと思った方でも、落ち込む必要はまったくありません。

というのは、今までそのことをあまり意識していなかったため、すでに起こっていたとしても、気づかずやり過ごしていた可能性も大ですし、実際に、あまり起こっていなかったとしても、**たった今、この瞬間に、「シンクロがある」ということを意識するだけで、すでに、意識のフォーカスが移行しているからです。**

つまり、その瞬間に、「シンクロがあまり起こらない時空」から、「シンクロがたくさん起こる時空」へと、自動スイッチで切り変わっちゃっているのです。

あとは、暮らしの質を、今・ここに意識を向けて生きながら、遊び心と好奇心を持ってさまざまなものやコトに取り組んでいけば、いつのまにか、たくさんのシンクロに囲まれていることに気づくでしょう。

楽しみですね！

シンクロは宇宙からのサイン?

ではなぜ、シンクロニシティという現象が起こるのでしょうか?

よく、スピリチュアルな世界では、シンクロが起こるときは、宇宙からのサインだといわれます。


たしかにその要素はあります。

魂の望みに沿っているとき、森羅万象、宇宙からのメッセージやサインであるとき、次のステージへと行くことを促されているときは、シンクロは起こりやすい状況になります。

なぜなら、**高次の意識は「シンクロの中に存在している」からです。**

だからといって、メッセージやサインの内容を「こういうものだ」と決めつけてしまっては、厚いバームクーヘンの表面しか食べないで満足しているのと一緒で、もったいないと思います。

また、現象面だけを追いかけても、ただの「不思議ちゃん」になってしまうので、さらにもったいないものです。

冷静さと客観性を持ちながら「意味のある偶然」と静かに向き合い、宇宙からのサインを読み取っていくというニュートラルな意識が必要かもしれません。

シンクロが起こるしくみ

そんなシンクロが起こっていくしくみとは、どういったものなのでしょうか?

答えを一言で言い表すなら、**深い意識と共振共鳴したから、**と言えます。

深い意識とは、私たちが普段意識していない、集合無意識である潜在意識と、そしてさらに奥にある超意識の、それらの部分が加持感応して響き合ったからなのです。

意識の世界は、あらゆるものが皆、水面下でつながっています。

つながっていないと感じるのは、自分自身を分離された個としてとらえているエゴ（自我）意識があるからです。

加えて「自分」とは、自我意識のみならず、個人の記憶から宇宙の記憶まで、あらゆるメモリーがつまっている潜在意識と、その奥にあるすべての源であるゼロポイントフィールドを有する超意識を包括している、というのが真の姿なので、自分の表層意識で考えたことはもちろんのこと、意識にはのぼってはこないけれど発振している意識が、常にそれぞれの個体の固有振動として、発振・振動しているわけです。

その振動がまるで、ラジオのチャンネル合わせのように、他から発振されている振動とピタッと合わさったときに、波（エネルギー）は粒（物質）となって、現象化すると考えられます。

ちなみに「他から発振されている振動」とは、もちろん他人という場合もあるし、自然現象や状況、環境、動植鉱物、時代のエネルギーといった、ありとあらゆるものから発せられている振動のことです。
それは、**「時空間情報とその質」**ということになるでしょうか。

こうして、目に見える現象として3次元の時空に現れたもののうち、本人が意識することのできるものを「意味のある偶然」、あるいは「偶然の必然」として、これをシンクロニシティと呼ぶのですね。

とりわけ、シンクロだと自覚できるものは、より意識の精妙な場――高次元フィールドと共鳴しているものが多いため、一般的には**宇宙からのサイン**ととらえられる、ということです。

3次元時空を高次元意識で生きる

私たちが生きている世界は、直線的な時間が流れていると認識する、**3次元空間**です。

けれども、4次元以降は、直線的な時間ではなく、多重多層の時間が無数に、かつ同時に拡がっている、「共振的」な時間軸でもあります。

次元（という振動帯）は、上がれば上がるほど（精妙になればなるほど）、宇宙の法則性である「すべては調和の方向へと向かって生成発展していく」という天意（愛）の性質を色濃く表していくことになります。

よって、シンクロニシティが頻繁に起こる時空というのは、高次元と意識が共振共鳴したからと考えられます。

つまり、**目に見える物質的な3次元的肉体を持ちながらも、意識はより精妙な、高次元の時空間とチャンネルが合っている**、ということになるのです。

言い換えると、高次元的な意識を持ちながら、物質世界を謳歌している「証《あかし》」であり、目安ともいえるのが、共時性だということなんです。

シンクロそのものに囚われすぎることなく、
シンクロを愉しみ、
シンクロの中に生きる。

そんな日々を送ることで、ますますあなたの暮らしの質が、喜びと奇跡に包まれてシフトしていくことになると思いますよ！

一気にシンクロを引き起こす魔法の言葉とは？

ここで、びっくりするほど速く、シンクロニシティをもたらしやすくなる、魔法の言葉をシェアしたいと思います。その言葉はこちらです。

「私はいつも、ベストタイミング」

……デス。

この言葉を、まずは言ってみる。
思わなくても言ってみる。
ことあるたびに、幾度となく言ってみる。

たとえ言葉に出さなくても、想いとしてはいだいておく、

……ということをやってみる、というのはいかがでしょうか？

とくに、電車やバスを待っているときや、待ち合わせのとき、仕事の締め切りに間に合わせるときなど、時間に関係するものや、状況や環境をベストタイミングで整えたいときなどに使うと、より臨場感があるため、効果的です。結果もすぐ、わかります（笑）。

実はこの言葉、**3次元意識にぴったり張り付いている、ある言葉からのパラダイムシフト**でもあるんです。

それは……、

「時間に間に合う」

「時間に間に合わせる」

といった、時間に縛られている生き方から、もう時間に縛られる必要がない、という華麗なるシフトのマントラ！　です。

私たちは通常、過去から今、未来へと流れていく、決して戻ることはありえない、直線的な時間の中で暮らしていると思っています。

けれども、それは一つの「考え方」だった！ のです。……というか、集合意識が合意した一つの信念体系です。

時間意識の変遷

もっとも、古来、狩猟採集をしていた頃の時間の考え方は、今とはまったく異なっていたようです。

というのは、昼がきたら夜がきて、雨季がきたら乾季もある、というように、古代人にとって時間は**反復して過ぎていくもの、**という認識だったようです。

また、農耕や牧畜をしていた古代ギリシャの時代になると、自然科学者たちは、天体の運行や生態系の秩序などを観察するようになり、それにともなって、時間はぐるりとめぐりながら**円環的に循環していくもの**として認識するようになりました。

次に、『旧約聖書』に見られるような、一神教を主体とするヘブライの教えが中東から西洋世界に広まっていく時代になると、神との契約によって成り立っている自分たちの世界の終わりには、最後の審判があると考える線分的な時間観（初めがあって、終わりがある）を持つようになりました。

それによって、**反復する時間軸から、円環的な時間軸へ、そして、過去から未来へと一方方向に進んでいく、直線的な時間意識が生まれていったようです。**

同時に、時計が生まれ、定時法が採用され、「時は金なり」といった時間と共に利子が生まれ、労働すればするほど豊かになっていく、という考え方が浸透していったため、不可逆的な直線的時間意識が「常識」になっていきました。

現在は、直線的でありながらも、線分的な時間意識を持つ人たちが多数いる一方で、時間に終点はないとする人たちも多数いて、その中で暮らしているというのが、今の時間意識におけるフェイズです。

時間を直線としてみる見方からもう一段階進んで、**無限に広がる時間軸を感じ取る、あるいは**、さらにその先にある、**時間そのものが無い、あるのは光の点滅だけである、**ととらえる、最新の量子物理学の一理論が示している世界観を採用して生きるのであれば、あなたは、たった今この瞬間から、生きるステージと、見えてくる世界が音を立てて変わっていくのを見ることになるでしょう。

意識革命というシフトの中には、こうした「時間の本質」を知り、今までのスタンダードだった直線的時間軸の認識から脱却することで、さなぎから蝶への華麗なる変態が、実現していくこと、というのが含まれているのではないかと感じています。

直線的時間軸を脱却すること――それは、たった今、この瞬間に無数に存在する異なる振動のありとあらゆる時間軸（タイムライン）の中から、みずからの意志で、意識的に選び取ることができ、表すことができるのだという、新・人類の新たなる始まりでもあります。

しかも、選び取った一つをまたそのまま行くわけでもなく、途中で進路変更もできたり、一部だけ差し替えたり、気に食わなかったらいつでも終了したりすることもできるという、自在に変更可能な**「観自在」（すべてを自在に観ることができる）**の世界でもあるのです！

そのキーワードともいえるのが、**「時間」を「タイミング」に変換させてしまうという言葉（意識）です。**

では、こちらが示す感覚も、散文詩にして表してみることにしましょう。

◇◇◇◇◇◇◇◇◇◇◇◇◇◇◇◇◇◇◇◇◇◇◇◇◇◇◇◇◇◇◇◇

私はいつも、ベストタイミング

いつもちょうどいいことが、ちょうどいいだけ、
ちょうどいいように起こっていく。

常に、ベストタイミングでことが運ばれ、

それがさらなるシンクロを呼び、
ますます拡大していくベストタイミングの中に、我がいる。

だから、もちろんのこと、心配も不安もない。
焦りも疑いもない。

あるのは安心と信頼だ。

私は、起こる出来事と調和している。
私は、完全なる宇宙の流れと共にある。

すべてはベストタイミング。
すべてはパーフェクト。

私はいつも、

◇◇◇◇　ベストタイミング！

どうぞ、こちらの言霊《ことだま》をときどき唱えながら、同時共振する共時（シンクロ）の時空とつながり、体験して確かめながらリアルに、新時代の時空の波乗りを愉しんでくださいね。

マイ・シンクロタイムマシーン、スタートですよ！

「協力」の世界——シェアリングという考え方

では、最後の3Kにいきます。

それは**「共有」**——シェアの時空です。

ここ数年で急速に発展したシェアリングエコノミー。

あなたも利用したことはありますか？

シェアリングエコノミーとは、ヒトやモノ、場所、乗り物など、個人が所有する活用可能な資産を、インターネットを介して、個人間で貸し借りや交換することで成り立つ経済のしくみのこと。

アメリカでは馴染みのある車の配車システムUber（ウーバー）や、空き部屋を貸し出すAirbnb（エアビーアンドビー）などが代表的なシェアリングエコノミーといわれていますが、実際はそれだけではありません。

モノとシェアとかけ合わせた、フリーマーケットやレンタルサービス。

空間をシェアするシェアハウスや駐車場、会議室のシェアリング。

車のシェアであるカーシェアリング。

人のシェアである家事代行サービス。

お金のシェアであるクラウドファンディングなど、さまざまな種類とサービスが、私たちの暮らしに浸透し始めていたんですね。

シェアすることのメリットはいろいろとあります。

一番は、コストがあまりかからなくて手軽なことでしょう。

また、貸す人からすれば、使わないで遊ばせておいた遊休資産を有効活用することができるし、収入源にだってなるんですね。

それに、利用者側にとっても、所有せずして利用できるなど、双方共に、ウィンウィンの関係性ができやすいのです。

他にもシェアすることで、新たな人間関係が生まれたりと、インターネットの発達と共に、人と人とがオンライン上だけではなく、リアルにつながり合い、交流が生まれていくという流れができ始めているのです。

それは、利己的な個人主義が発達した現代の流れとは別なベクトルにある、**相互互恵的で温もりのある「分かち合い」と「協力」の世界です。**

そうした世界が、ゆっくりながら確実に表れてきつつあるのだと嬉しい思いでいます。

もちろん、シェアリングエコノミーといったビジネススタイルにも、安全性や信頼の問題、法整備が追いついていないなど、さまざまな課題があることも事実です。

けれども、自分のものは自分のもの、他人のものは他人のもので、かっちりと区別され、分かち合うことなく別物だよという意識から、自分のものを人と「シェア」して大丈夫、というシェアすることに抵抗感を持たなくなってきていること自体、意識の進化が確実に進んでいると思うのです。

たとえば、不特定多数のコミュニケーションツールであるソーシャルネットワークサービス（ＳＮＳ）。そこで、よく見られる「いいね」ボタンは、嬉しい感情のシェアですし、誰かが描いた記事を、そのまま「シェア」して拡散することも一般的です。

このシェアのベースにあるのは新３Ｋの一つである「共感」ですが、誰かと何かを「共有」して、それらを分かち合っていくと、もっと広がって楽しく、どんどん豊かになっていく、というのが、これからの時代の波にうまく乗っていくコツのようです。

共有とは、共に有すること。

あなたか私かではなく、あなたと私、そして、あなたも私も、の世界。

独り占めするのではなく、分かち合う世界。

嬉しいことを分かち合って、もっと嬉しくなる。
哀しいことも分かち合って、哀しみを半減させる。
必要とするものを分かち合って、もっと喜んでもらう。
関わりの中で成長し、関わりの中で学び合う。
関わりの中で心を育て、関わりの中で生きる喜びを見つける。

行き過ぎた個人主義ではなく、人と人とが関わりながら、共に学び、相互に影響を与え合いながら思いやる世界は、「共有」を喜ぶ意識を通して育つと感じています。

その意識が、やがて、集団として共有している意識、いってみれば**意識のクラウド**にも影響を与え、その意識ごとボンッ！　とまるごとシフトさせてしまって、いつのまにか違う時空が現れている、そんな可能性に満ちているのが「共有」という意識の種ではないかと睨んでいるのです。

私たちの真なる故郷

実は、もっとも根源的であり、究極ともいえるものを、私たちは最初から共有しています。

それは、意識の根っこである、**超意識を有する場所――ゼロポイントフィールド**の共有です。

私たちは、そしてあらゆる存在、森羅万象は、このゼロポイントフィールドより生まれ、波動を落としながら、個別化されていきました。

そして今、いよいよ時満ちて、すべての偉大なるソースともいえる根源意識（ゼロポイントフィールドを有する場所）を、誰もが持ち、共有していた！

という事実を認識する時期がやってきている、というわけです。

このことが深く理解されればされるほど、すべてとつながっているワンネスの世界の、そこに横たわっている圧倒的な愛の波動を感じるようになるでしょう。

その感覚は、外ではなく内側からあふれる泉のようにやってきます。

そこは安心と平安、信頼と喜びに満ちた私たちの真なる故郷の場所です。

ここがわかると、**どこへ行かずとも、何をしなくても、ただ存在しているだけで、ふつふつと満たされた気持ちになり、至福感に包まれます。**


新3Kの三つめである「共有」で、誰もがたった今持っている、最高の「共有」は、根源意識であるゼロポイントフィールドであったということ。

ぜひ、この究極のシェアがあることを、心の奥で感じながら、加速された進化の波に乗ってくださいね。


というわけで、ここまで、新時代を創る新3Kの共感、共時、共有をお伝えしてきました。

本書の巻頭カラーページには、森美智代さん直筆の、龍体文字で書かれたとてもパワフルな「キョウカン・キョウジ・キョウユウ」の字があり、あなたがそれらの文字を書ける欄もあります。

いにしえより秘伝として伝えられた、エネルギーの形象である龍体文字で、三つの言葉を眺めて、量子レベルから、そのエネルギーを受け取って共振共鳴させ、よかったら、そのまま、あなたの内にエネルギー転写をさせてしまってください。

次に、美智代さんお手本の「キョウカン・キョウジ・キョウユウ」の龍体文字を見ながら、それを真似て、ぜひあなた自身の手で、龍体文字による3ワードを書いてみることをお勧めします。

書き起こした文字は、どこかに貼っておいたり、手帳などに入れておいたりするのもよいでしょう。

そうすれば、ますますパワフルに、新3Kのエネルギーともつながり、新しい時空の波乗りが加速していくことでしょう。

高振動低密度の、マインドシフトされた時空であるヌースフィアの世界。

私もあなたも、鳥も花も大地も宇宙も、あらゆるものが尊び合い、喜び合える世界。
大いなる御心のままに、にっこりすっきり進んでいきましょうね。

第四章

喜びの中で今を生きる

記憶のすり替わり「マンデラ効果」

南アフリカ共和国の8代目大統領で、黒人解放運動の指導者でもあった、ネルソン・マンデラ氏。

1960年代より長きにわたる獄中生活を送り（27年間も！）、2003年に95歳の生涯を閉じたのですが、そのニュースが流れたとき、私は「えっ、まだ御存命だったんだっけ？」と少し違和感を覚えました。

けれどもそのまま、さして気にすることなく、忘れてしまっていたのです。

数年後、私と同じように、すでに獄中で光に還られていたと記憶する人々が多くいることを知った、フィオナ・ブルームという超常現象研究家が、このような記憶のすり替わりのことを**「マンデラ効果」**と名付けていたことを知りました。

マンデラ効果とは、過去の記憶が、いつのまにか事実と異なるものになっている現象を指します。

ブルーム氏は、このようなことが起こるのはパラレルワールドの影響を受けたからであると言いました。私はこの言葉を聞いたとき、ああ、そういうことだったのかと、妙に安心したことを覚えています。

パラレルワールド――並行して存在する別の世界（時空）

さて、この「パラレルワールド」という言葉。

最近、徐々に聞くようになりましたね。

パラレルワールドとは、ある世界（時空）から分岐し、それに並行して存在する別の世界（時空）のことなのですが、量子力学の研究が進むにつれて、どんどんパラレルワールドが示す、マルチバース（宇宙は一つではなく複数あるとする宇宙論）の考え方を支持する科学者も増えてきました。

２０１４年には「相互干渉多世界論」（パラレルワールドが存在するだけではなく、相互に干渉し合っているというもの）が唱えられ、２０１８年には、天才科学者ホーキング博士の最期の論文が、パラレルワールドの存在証明に関するものであったりと、世界観がどんどん、ユニ・バース（一つの宇宙）から複数へと、多元化していると考える学者も増えてきているようです。

こうしたパラレルワールドという言葉が広く知られるようになったのは、大ヒットした映画「君の名は。」（新海誠監督作品）以降だと言われています。

映画では、隕石が落ちて主人公が亡くなってしまうパラレルと、隕石が落ちても助かってしまうパラレルが交差しながら、入れ替わっていくというストーリーでした。

何も知らずに映画を見た私は、その展開に大いに感動して、いよいよパラレルワールドが世の中に受け入れられていく時代になったんだなぁと、ウルウルしてしまいました（もっとも、そのことを友人に伝えたら、「えっ、泣くところはそこ？」と呆れられました）。

常識を超えた量子の世界、ウェルカム！

パラレルワールドが示す量子の世界は、今までの古典物理の世界にはなかったいくつかの特徴があります。代表的なものを二つ挙げると……。

一つめは、**量子は粒でもあり、波でもある性質を持っていて、観測されるまで、波として存在する量子はどこにいるのかわからない。けれども観測した途端に、物質として現れる**ということです。

この、観測者によって変わる、量子が持つ二重（粒子でもあり、波動でもある）の性質のことを、**「観測問題」**というのですが、もう少しわかりやすく言うと、もし量子さんたちが「だ～るまさんがこ～ろんだ！」で遊んでいるのだとすると、最後の「だ！」のところで量子の位置と状態が特定され、最初の「だ～るまさんがこ～ろん」のところまでは、どこにでもいる可能性があるという、量子の重ね合わせの状態が生まれている、ということなのですね。

このことを一般的な言葉で解釈すれば、**客観的事実というのはもともと存在しているのではなく、事象は観測者の観測や認識によって、いかようにも変わってしまうんだよ、**ということを意味します。


そして同時に、観測されるまでの「どこにでもいる可能性」というのが、**まだ観測されていないけれどすでに存在しているもう一つの「現実」**ということになるのです。

そのバージョンが無数に並行してある——そう、**パラレルワールド**です。


この観測問題を、言い方を変えて表現すると、

「思考は現実化する」

というよりも、

「すべての現実は、（観測者の）選択と思考の結果によるもの」だった、
になっちゃうんですね。

……あらら、ちょっとびっくり、かも。

二つめは、**非局在性**といって、**量子はたとえ何万光年離れていようとも、片割れが変化するとその情報が瞬時に伝わり、もう一つの状態も確定する**というものです。

つまり、量子は、**時間も空間も超えてつながり合っている**ことになるんですね。

言い換えると、すべての**量子は互いに関連し合いながら、時空をまたいで、全宇宙とつながり合っていた！**　ということでもあります。

このことを簡単に言うと、**「私」が今思ったこと・感じたことは量子場となって、瞬時に、時空を超えて全宇宙に発振され、影響を与えてしまっている！**　ということになるのですね。

私たちは決して孤独で無機的な宇宙にいるわけじゃなかったんです。

私たちは、**常に影響を及ぼし合っている、有機的でダイナミックな参加型宇宙の中にいた、**というのが真実のようです。

パラレルワールド体験編

ではここで、私が実際に経験した並行時空の多元世界――パラレルワールドの体験談を三つほどお話ししますね。

1　時間に間に合って到着した話

以前、決められた時間までに行かなくてはいけない場所に、飛行機が遅れたため、行けなくなりました。けれどもとにかく向かっていると、なぜか90分かかるはずの場所に、30分で着いていて、結局、遅れることなく到着したのでした。

（当時の想い……あれ？　時計を見間違えたのかな？　変だなぁ）

2　落ちようとする子どもを抱っこした話

息子が幼児だったとき、20メートルほど離れた場所にあった塀の上に登ってしまい、今まさに落ちようとしているところを目撃した私。けれども次の瞬間、塀から落ちゆく息子を受け止めて、普通に抱っこしている自分がいました。

（当時の想い……あれ？　たしかに離れたところから目撃したはずだったんだけどなぁ？）

3　待ち合わせでやっと会えた話

以前、カフェの前で友人と待ち合わせをしていたときのこと。その日はなぜか人もまばらで、約束の時間が過ぎても友人が来ません。どうしたのかな？　と思って携帯を鳴らした途端、人通りが賑やかになり、すぐ隣に友人が立っていたことに気づきました。

ちなみに、私が見た風景は人通りが少ないカフェの前でしたが、友人が見た風景は、人通りが多いカフェの前。お互い見えなかったのですが、実際はすぐ隣に立っていたのでした。

（当時の想い……とにかく、会えてよかった！　あとは深く考えないわ）

……という感じです。

パラレルワールド解説編／時間の流れは過去↓現在↓未来ではない

これらのことについて、パラレルワールドの観点から解説すると、

1　時間に間に合って到着した話は、90分かかって遅れていたかもしれないパラレルから、30分で着いていたパラレルへ。あるいは飛行機が遅れていなかったパラレルが、メイン画面の現実として現れたのかもしれませんね。

2　落ちようとする子どもを抱っこした話は、子どもが塀から落ちた時空ではなく、塀から落ちようとしても抱っこしていたパラレルのほうを選んだ。あるいは、すぐ私が子どもの近くにいたほうのパラレルを選んだ、など考えられますね。

3　待ち合わせでやっと会えた話では、私が存在していた時間・空間の位置と、友人が存在していた時間・空間の位置が異なっていた。けれども、携帯（電磁波の一種）をか

けることで、時空が重なり合い、互いが見える世界へとシフトした。

いかがだったでしょうか?

こう考えると、かつて私が体験した脳卒中も、**意識の焦点と関心がガラリと変わったことで、「脳卒中が起こって半身不随になっている次元」のパラレルワールドから、「たとえ脳卒中が起こったとしてもいっさい半身不随にもなっていない次元」**のパラレルワールドへと、シフトしてしまっただけなのかもしれませんね。

こうした実例を通して伝えたいことがあります。

それは、**時間は直線的、かつ連続的に流れているわけではない**ということです。

にわかには信じられないかもしれませんが、今の一瞬の中に、過去や未来も含めた時空(時間・空間)の世界が畳みこまれており、あえてあるとしたら、**時間とは永遠の「今」だけがある**という言い方になります。

そして永遠の今に存在する多種多層の時空間の中に、パラレルワールドがあり、今と同じくらいリアルなパラレルセルフが、違う振動数の中で暮らしているととらえていく。

これがパラレルワールド的世界観になります。

本当は、毎瞬毎瞬、現れるパラレルワールドが微妙に異なっているのですが、**脳は出来事を、因果関係と連続性を持った、一貫性のあるストーリーとして認識**していくため、通常はほぼ気づくことなく過ごしているんですけれど、ね。

とはいえ、似通ったパラレルワールドではなく、一気に別時空のパラレルワールドへと行ったときは、本人が違和感を覚えるような、違う「現実」を体験するようになります。

この、量子的な飛躍のことを、私は「パラレルジャンプ」という言い方で呼んで、表現しています。

新しい現実で生きるパラレルジャンプ

では体験談の最後に、私の知人男性（Aさん）のパラレルジャンプ体験をシェアしたいと思います。

それは、Aさんが大学生だったときのこと、ある日、寝不足のまま車を運転し高速道路を走っていたそうです。けれども、つい睡魔が襲ってきて、一瞬、意識を失ったのだとか。

ハッ！　と気づいたときは、今まさに、ガードレールに激突しようとする瞬間で、その途端、目の前が真っ白になって、粉々のガラスと、押しつぶされる車の衝撃を感じたのだそう。

それで、自分はもう死んでしまったのかもと思い、おそるおそる目を開けると、なぜか普通に運転し続けている自分がいて、とても驚いたということです。

けれども、それ以上に驚いたのは、まったく違う車線を走っていたこと。そこの車線は目的地と別方向だったのです。それだけは絶対ありえないと、十数年経った今でも、奇妙な現実としてずっと印象に残っていたそうです。

今、本書をお読みになっている皆さんには、Aさんの身に起こった出来事がどういうことだったか、もうすでにおわかりですよね。

そうです。まさしく華麗なる**パラレルジャンプ！** が起こったのでしょう。

地球の振動数が上がっている今、こうしたパラレルジャンプ体験をする人が、数多く出てきました。あなたもそんな経験をお持ちの一人ではないでしょうか？

いつかまた、機会がありましたら体験談なども教えてくださいね。

別時空へ飛ぶ！ ３つのステップ

では次に、実際にパラレルジャンプの方法をお伝えします。

具体的なやり方を、３ステップで表してみました。

【パラレルジャンプのための3ステップ】

第一ステップ　知る、認める

無数の「現実」がたった今、パラレルワールドとして存在していることを知る。
認める。

第二ステップ　選び、なりきる

そのパラレルワールドの中から、望む現実のパラレルを選び出し、すでにその時空がきたかのように、なりきって生きてみる。

第三ステップ　上質な今を生きる

今、この瞬間に意識を向け、今できることを、する。

ということだけ。**認めて選んで、なりきって、あとは今に意識を向けて生きるだけ**……な〜んだ、それだけかと思われそうですが、「自分には無理かも」とか「難しい」という思い込みさえ外してしまえば、意外と簡単なのでビックリすると思います。
どうぞ気楽な気持ちでトライしてみてくださいね。

ソウルのしくみ

ではここで、私たちの源であるソウル（魂）のしくみについても、少しお伝えしたいと思います。なぜなら、この観点を理解することで、パラレルジャンプを含め、さまざまなものの見方にシフトが起こるからです。

というわけで、さっそく説明に移りますね。

最初にお伝えするのは、魂のもとのもと……根源のところから。そのもっとも高次に属するものを、とりあえず**創造主（ザ・ワン）**と呼ぶことにしましょう。

ザ・ワンは、あらゆるものの源であり、ゼロポイントフィールドのもとでもあります。

ザ・ワンは、我自身を知ってみたいという想いがあり、その想いがみずからを分化させて**オーバーソウル**という無数の分身を生み出します。

そんなオーバーソウルたちはさらに分かれて、また分かれてを繰り返しながら、振動数を落とし、次第に低振動高密度の場でもみずからを表現できるようにしていきます。

そしてとうとう個々の魂であるソウルに宿ることができました。そのソウルはさらに振動数を落とし、探求する自己である**スピリット**をつくりました。

次に、そのスピリットを二つに分け、細やかな振動数の部分を**ハイヤーセルフ**、粗い部分を**ロウワーセルフ**と呼び、それぞれに役割を持たせました。

ハイヤーセルフのほうは、高次と低次をつなぐ役割を、**ロウワーセルフ**のほうはマインド（ここでは顕在意識のこと）と、ボディをつくって、よりリアルに体験できるようにしたのです。

こうして**創造主ザ・ワンは、創造されたあらゆるものの中に入り、みずから自身をさらに深く知り、情報収集とアップデートを図りながら、さらなる進化の旅を続けているのです。**

予祝という考え方／日本人に与えられた成功法則

ではここで、日本人が古来行っている「予祝《よしゅく》」という考え方を、御紹介したいと思います。

予祝とは、前もってそれが実現したかのごとく、お祝いすること。つまり、前祝いのことです。春にお花見をすることも、夏に盆踊りをすることも、秋の豊作を願って行う予祝のひとつです。

そんな予祝、なんと神代の頃からすでに行われていたってご存じでしたか？

それは、アマテラス神が岩戸隠れする有名なシーンの中にあります。

太陽神であるアマテラスが、弟神スサノオの乱暴なふるまいに心を痛め、天岩戸の中に隠れてしまった場面です。太陽が見えなくなったため、神々の国——高天原では、世界が真っ暗になり、不吉なことも起こるようになってきました。

困り果てた八百万《やおよろず》の神様たちは、ある作戦を思いつきます。

それは、まだ真っ暗闇の中であるにもかかわらず、高らかに朝を告げる鶏にコケコッコーと鳴かせて、大宴会をしてしまったんです。

アメノウズメを踊らせて、腹をかかえて大笑いしている神々。そんな様子を不思議に思ったアマテラスが、岩戸の外を覗いたことで、岩戸が大きく開かれ、無事、世界は明るく照らされた、という神話です。


闇夜の中で鳴かせるニワトリさん。

まだ叶《かな》っていないのに大宴会して、喜び合ってしまう神々たち。

……もうまさに予祝そのもの、じゃないですか！


「予祝」とは、日本人に与えられた素晴らしい成功法則であり、神様からの贈りものです。パラレルジャンプが起こりやすい方法でもあります。

どうぞ、望む世界をどんどん予祝して、素晴らしい世界を軽やかに、創造していきましょうね。

オマケ：天岩戸からお出ましになる際に、八百万の神々が使った言葉はこちらです。

「あはれ　あなおもしろ　あなたのし　あなさやけ　おけ」

天晴れ（あっぱれ、あはれ）……天が晴れて光が差してくる。
あな面白（おもしろ）……光を受けて、顔面が白く光る。
あな手伸し（楽し）……楽しくなって自然に手が伸び踊り出す。
あな清明（さやけ）……笹がさやさや吹く。
おけ……木の葉がふるふる震える。

嬉し、楽し、面白しで、大笑いする神様、そして私たち。

言葉の中にある文化や思想

予祝を叶えるコツが、１３００年前の書物、古事記の中から見つかりましたよー♪

令和時代を迎え、新たなる時代の始まりを感じる今、最後はやはり、大切なわが国・日本と、私たち日本人について思いを馳せたいと思います。

私たち日本人は、通常、自国民のことを**大和民族**などと呼んだりしています。ほとんどの人々が、**日本語を母国語としている人たち**です。

この日本語という言語は、歴史上、一度も言葉を失うことなく、国土と国家を持ったままの、現在にまでいたることができている、稀有《けう》な言語でもあります。

言葉というのは、単なるコミュニケーション手段ではありません。

言葉とは、民族が長い間かけて培《つちか》った文化や思想、習俗、感じ方などが内包されている文化継承のパッケージでもあるんです。

言い換えると、**日本語そのものの中に、日本人を日本人たらしめている「日本人らしさ」が見え隠れしている**ということなんですね。

昔から、日本の古典文学が大好きだった私は、そんな日本語の面白さを探求して四半世紀が立ち……とうとう日本人と日本語について再発見できるツールをつくってしまったんですね。それは「おとひめ（音秘め）カード」といいます。

「あ」から「ん」までの音の意味合いを、アートと言葉で表しているカードなのですが、「はじめに」に記してある「れ・い・わ」の解説もおとひめカードからの引用です（くわしく知りたい方は、はせくらみゆきHPの「おとひめカード」の表より音の意味を御確認ください）。

カードをつくるプロセスで、さまざまな気づきと発見があったので、本書でも少し御紹介できれば思います。

日本語が持つオリジナリティ

日本語というのは、どの語族にも属していない非常にユニークな言語です。

その発祥は……？　というと、なんと人類発祥以来の言語形成プロセスである**「自然発生音」**がもとになってつくられているのです。

自然発生音というのは、遥か昔の人々が、対象物を見たり、聞いたり、感じたりして、その中で自然と出た（発生・発声した）音声のことで、最初は「おおっ」とか「わーっ」といったオノマトペ（擬声語）だったことでしょう。それが積み重なって、やがて言葉として成立し、継承されていったものと考えられます。

実は、当時の音（言葉）の名残が、今もまだ現役で使われているのです。

それを、**大和言葉（原日本語・和語）**と言います。

日本語（とくに大和言葉やオノマトペ）は、発する音（言葉）と出来事（事象）の間の隔たりが、それほどないという特徴があります。

逆からとらえると、音そのものが指し示す、共通の性質やニュアンス（微妙な違い・意味合い）を調べていくことで、**自然と対象物のイメージが湧きやすい**という特徴がある、ということなんですね。

また、言葉と事象がかけ離れていないということは、**適した音（言葉）を言えば、適したものが現象化しやすい**ということにもつながり、後にそれは、**言霊信仰**（言葉には霊力を宿すとする考え）となって、現在へと受け継がれていっています。

もちろん、表面的には意識していませんが、私たちは直観的に、**言葉は事（事象）と場（空間）に影響を与えることを知っているんですね。**

たとえば、よい言葉を使うと運気が上がるとか、先に言葉として出しておけば叶っていきやすい、といったような考え方も、言霊という言葉を言わずして、そのエネルギー（霊力）に敬意を払っているとも言えるのではないでしょうか？

新元号「**令和**」も、まさしく言霊の力が働いています。

おとひめ翻訳で見てみると、れ（尊い）い（伝わる・光）わ（調和）となり、**令和とは尊い光の調和**ということになります。

これは、それぞれの音から、敬意や光、調和をもたらすバイブレーションが放たれている、ということになるのですが、令和を英語でいうとBeautiful Harmonyとなるそうなので、やっぱりそうかと嬉しくなりました。

ところで、今も使われているという原日本語――大和言葉は、いつの時代に育まれ、発展していったのだと思いますか？

それは、あの**縄文時代**です！

一万年を超える長きにわたって、戦争らしい戦争もなく、森羅万象の中に霊性を認めながら、自然と共に暮らしていた彼らがしゃべっていた言語が、大和言葉です。

先に述べたように、言葉というのは、文化や思想も一緒に伝わるものです。

おとひめカードを使って、「どうしてこの事象や対象物には、この音を使って表すことにしたんだろう？」という音と対象となるものの関係性を調べることで、縄文人のものの見方に触れることが可能となるのです。

というわけで、さっそく、日本人らしさの源流ともいえる、御先祖さま――縄文人たちのものの見方が見え隠れしている、大和言葉を五つ、ご紹介いたしますね。

日本は「大きな和を調えていく民」だった

まずはワから。

ワの音の意味は「調和」。私たちの国と人々を一言で表す言葉でもあります。

そう、私たちは調和をもたらしてしまう民なんです。

そして**「大和の民」というのは、言い換えると、「大きな和を調えていく民」ということであり、つまり「大調和の調え役の民」だったんです！**

これが私たち日本語を話す語族である、和の民の民族的役割だと考えます。

和をもって貴《たっと》しとする世界。

共にありて共に栄える共存共栄、和合進展の世界は、私たち一人ひとりの心の和を調えていくことから始まります。

次は**マコト**です。

マコトとは、「マ＝中心、受容、本源、本質　コ＝転がり入る・出る、完成する　ト＝統合の意味」で、**ワという調和をもたらすための、行動原理**でもあります。

本源から真っ直ぐに届いたものを受け入れて、統合させていくからこそ、マコト（真言＝真の言葉）となり、真事《まこと》（真に起こる事）となって叶っていくわけです。

このことを「言葉が成る」と書いて、**誠**といいます。

言ったことが成る。語ったことは、行うこと。

つまり、**言行一致で、嘘をつかない誠の心をもって行動していくことで、ワという調和の世界が成されていく**ということです。

このマコトをもって進めていくという考え方は、森羅万象の事象を、ありのままにとらえ、感じたままに言い伝え、生きてきたであろう縄文人たちの物象観であり、行動原理であったと考えられます。

ミナカ――本質の核となっている見えない働き

三つめの言葉はヒトです。

ヒトは、「ヒ＝根源から出入りするもの、日、霊、火　ト＝統合」の意味になるので、ヒトという存在は、**根源からきた霊的なものが統合された存在**である、と見ていたことがわかります。

ヒは、光のヒでもあり、お日様のヒでもあります。

そんなヒをあわせ持つ、**霊的で尊い存在が自分だった**ということになります。**性悪説ではなく性善説**ですね。

そんな、生まれながらにして素晴らしい「私」と、同じくヒを有する素晴らしいあなたが、共に協働しながら、さらに素晴らしい世界を創っていこうよ、というのが、私たちが深層でいだいている生成発展のとらえ方だったようです。

ちなみに、ヒフミヨイムナヤコト、という古来の数字の読み方を、このような漢字で変換することもできるそうです。

1ヒ=霊、2フ=分、3ミ=実、4ヨ=世、5イ=意、6ム=睦、7ナ=成、8ヤ=弥、9コ=凝、10ト=統。

霊から分かれたイノチが実（肉体）となって世の中（三次元世界）に現れて、意志（天の意、すなわち天意=愛）をもって皆、仲良く睦まずく、事を成し遂げ、弥栄さかえて（益々栄えて）、凝り成して（成就して）、統合していく（すべてをまとめ上げていく結びの世界）――そんな壮大なお役割を担っているのが霊統（ヒト）ですよ、ということなのだそうです。

うーん、ヒトって素晴らしいですね

次なる四つめの言葉は**ミナカ**です。

ミナカは、「ミ＝実体・本質、ナ＝核、調和、カ＝力、見えない働き」の意味となり、**本質の核となっている見えない働き**のことです。簡単に言うと、ど真ん中の中心。アメノミナカヌシのミナカも同じミナカです。

実は、この言葉、私たちが今でもしょっちゅう使っているって知っていましたか？

漢字では「御中」と書いて読み方が変わりますが、名前の下に敬称で書く御中……これを和語で読むとミナカになりません？

ということは、あて名を書かれたその存在は、ミナカのお方であった！ということでもあるんです。

縄文人たちは、**万物すべてはミナカ（宇宙の母体）から生まれた同じ仲間だと考え、たとえ外側の形態や環境が違っても、根っこにあるのは皆一緒で、根源を分かち合っている**、と考えていたようです。

このミナカのとらえ方はまさしく、この本で伝えているゼロポイントフィールド（根源意識）の考え方と同質であり、すでに御先祖さまたちは、このことを直覚して暮らしておられたんですね。

だからこそ、まるで菊花紋を見るがごとく、**ミナカという中心の一点でまとまり、それぞれが全体を構成する大切な分体として、それぞれの分野を一所懸命こなすことがそのまま、全体としてまるごと栄えていく**というわけです。

このとらえ方は、個人主義とも全体主義とも違います。あえて言うとミナカ主義？になるのでしょうか。

ミナカという考え方は、まさしく**「令」**（天意に沿って生きるので「美しい」になる）**「和」（調和）の時代にふさわしい高次の意識**ともいえるのではないでしょうか？

中今——人生を上質に生きるコツ

最後にくるのは**イマ**です。イマとは「イ＝伝わる、光、生命　マ＝中心、受容、本源、本質」で、**光の中心**という意味になります。

今とは、光の中心のことだったんだ！　ってちょっとびっくりでしょ。

そんな、光の中心の中で、瞬間瞬間に意識を置いて、丁寧に生きていこうとする姿を神道では**「中今《なかいま》」**と呼んで大切にしています。

この中今こそが、人生を上質に生きていく、最大の**コツ**でもあります。

実は、この中今の意識を思い出させてくれる言葉を、私たちは常日頃から発していたことを知っていましたか？

それはこの言葉。

「ただいま！」

ただ、今の中にいる私。光の中心にいる私。ミナカとつながって生きている私。そんな自分を思い描きながら、「ただいま」を唱えると、そのたびに、見える世界の質がポーンとバージョンアップしてしまいますよ。

というわけで、日本人らしさをかたちづくる、ワ・マコト・ヒト・ミナカ・イマの五つの大和言葉をお伝えしました。

この単語を一文でまとめてみると、**大調和の調えの民――和の民たちは、和（ワ）をもって貴しとし、誠（マコト）の心で行動し、神の分魂であるヒトとして、ミナカより考え、創造しながら、今このときを、喜び朗らかに生きていこう**、ということになります。

そうするとどうなるか？

それは、**大いなる和が、どんどん行き渡り、すべてが響き合って調和する、素晴らしい世界になっていくよ**と教えてくれているのではないでしょうか。

つながるいのちに思いを馳せて、縄文という時代を生きた、私たちの御先祖さまに、そっと手を合わせて、感謝の想いを捧げたいと思います。

どんな世界を創りたい？

ここで、ある唱歌を載せたいと思います。
それは誰もが知っている、あの歌です。
よろしければ、歌詞を読みながら、一緒に口ずさんでみてくださいね。

ふるさと

作詞（高野辰之）、作曲（岡野貞一）

兎《うさぎ》追いしかの山　小鮒《こぶな》釣りしかの川
夢は今もめぐりて　忘れがたきふるさと
如何《いか》にいます父母　恙《つつが》なしや友がき
雨に風につけても　思いいずるふるさと

志を果たして　いつの日にか帰らん
山はあおきふるさと　水は清きふるさと

今もよく歌われる「ふるさと」の歌ですが、日本人の心の源郷とも呼べるこの歌にふれると、どこか心の奥がグッときませんか？

また、なぜそんな感覚になるのだと思いますか？


それは、この歌の中に、神様の願いが託されているからなんです。

私はそのことを深い瞑想を通して知りました。

再び歌詞に目をやると、詞の一つひとつが味わい深いのですが、とりわけ深遠な想いになるのは、三番の歌詞ではないでしょうか？

ここに神様の願い――神様が創りたかった世界はどんなものなのかを、歌に託して伝えているそうです。

ここからは内在の叡智から受け取った詩を通して、三番の歌詞が意味するところを解説したいと思います。

志を果たして　いつの日にか帰らん
山はあおきふるさと　水は清きふるさと

神なる分魂《わけみたま》として、肉体を持った神である我が、
使命（氏名）をもらって命（みこと）となり、
仲間と共にこの地までやってきた。
我は必ずその志を果たして、
あの懐かしきふるさと（源）へと戻るぞ。

その使命（志）とはなんぞや？
それは、山々はどこまでも青く、生き生きと萌えいずる
素晴らしい処であるぞ。
そこにはあらゆるいのちがひしめき合い、
いのちの喜びを奏でている。

鳥も花も獣もわらべも笑っている、まこと楽しき世界なのだぞ。

水はどこまでも清らかで、美しき調べを奏でるぞ。
水はすべてをたがやし潤す、光の粒の表われぞ。
水の中にある意思と、己の意思を添い合わせ、
光をまとう己の身と、光をまとうこの星を、
この眼で見るぞ、あな面白。
この手で舞うぞ、あな手伸し。

ふるさといつも離れずして、
ふるさといつも此処にあり。
光満ちたり　みずほの国は、
あめつち結びて　弥勒《みろく》の世。
弥勒開けし　いやさかの世。

これが、遥かなる旅路を通してとうとう肉体というさやに納まり、あなたとして生きることができた神様の、やり遂げてみたかった「面白たのしい」遊びだったようです。

「どこでもドア」でパラレルジャンプ！

最終章の終わりに、再びクルリと輪を描いて、冒頭でお伝えした、ドラえもんのヒミツ道具を取り出して締めることといたしましょう。


ヒミツ道具は、あなたの内なるゼロポイントフィールドの中にあります。

そこからイメージで「どこでもドア」を取り出し、目の前に置いてみてくださいね。

ドアの向こうには、人がいます。

その人は、令和時代を最高に楽しみ喜んでいる、別時空のパラレルセルフ——もう一人のあなたです！

あなたがすべきことは、ドアをカチャッと空け、スーッと、その次元の自分と、今の自分を重ね合わせるだけ。

……マ（間）……。

ハイッ、一体化完了。パラレルジャンプも大成功。

今、あなたがいる場所は、異なる振動数で存在する新しい時空の中です。

どうぞ、そこから光の中心――イマを生き、小さな喜びを積み重ねながら、暮らしてみてくださいね。

すべてはベストタイミング。すべてちょうどよく相ととのっています。

黎明令和、夜明けの響き。

和して結びて令成《よしな》りて（和らぎ結んで、天意のままに）。

さぁ、にっこり笑って進んでいきましょうね。

「日の本開闢――黎明令和の天つ風――」の和歌（やまとうた）について

巻頭の口絵にある和歌（やまとうた）を、現代語に直して意訳（全体の意味を読み取って翻訳すること）します。
よろしければ声に出して、表面の自分に聴かせてあげてくださいね。
きっときっと、深い部分が喜ばれ、素敵な明日が拓けてくると思いますよ♪

【日《ひ》の本開闢《もとかいびやく》―黎明令和《れいめいれいわ》の天《あま》つ風―】

日《ひ》の本《もと》開《あ》けたり　令和《れいわ》なる
令《よし》なす言《こと》の葉《は》　神《かむ》ながら
修《つく》り固《かた》めし　命《みこと》と成《な》りて
天《あ》降《も》りましけむ　五《い》百万《およろづ》
いざいざ往《ゆ》かむ　たま振《ふ》りて
國《くに》は常《とこ》立《た》つ　弥勒《みろく》の世《よ》

読み方

ひのもとあけたり　れいわなる　よしなすことのは　かんながら　つくりかためし

みこととなりて　あもりましけむ　いおよろづ　いざいざゆかん　たまふりて　くには
とこたつ　みろくのよ

現代語意訳

ひのもとの夜明けが始まりました。それは、令和の時代から始まりました。
大いなる御心に従って、令《よ》き言《こと》の葉《は》に護《まも》られ、明るく素直に生きましょう。
あなたがここに来た理由《わけ》は、御心の想いを、あなたさまへと託したからです。
それは、この素晴らしき世界が、さらに素晴らしきものになるよう、つくり固め成せ、
という天の願いでございます。
それであなたは、喜び勇《いさ》んで命《みこと》（肉体を持った神）となり、大勢の仲間《かみさま》たちと一緒に、
天から降り立って命名《めいめい》を授かり、今のあなたへとなっていったのです。
さぁ、進んでまいりましょう。時は、満ちました。
御魂《みたま》をふるわせ朗々《ろうろう》と、志を持って、歩んでいきましょう。
そうすれば、必ずや、あなたも国も永久《とこしえ》に栄え、ますます豊かになっていく理想郷《みろくの世》が、
顕《あらわ》れることになるでしょう。

新時代に寄せて――この世は愛に満ちています

森 美智代

新しい元号になりました。新しい風が吹いているようです。
今までの価値観が変わっていく気がします。
伝統的なことを残しつつ、新しいことが芽生えていく。
新しい元号は「令和」になりました。
レイというと見えない世界、ゼロを連想します。

私の周りでは、ここ数年、不思議なことが起こりはじめました。
2年くらい前に、不思議な夢を見て、見知らぬ女性が「お手伝いします」と言ってくれたのです。その日のお昼に、数冊の本の中の著者近影で、夢の女性が龍敬子さんであることがわかりました。

その人は龍体文字を書く、画家でした。夢のお告げで、龍体文字を書けということかと思って、私も龍体文字を使うようになりました。

たくさんの偶然と幸運とが重なって、数か月で雑誌に載るようになり、1年くらいで『開運！　龍体文字の奇跡』（マキノ出版）を出し、出版業界の不況の中3万部を超えるベストセラーになり、第2弾の『書いて開運！　龍体文字練習帳』も出すことができました。

夢のお告げのあったころ、世間では龍ブームになっていました。龍にまつわる本がたくさん出て、しかも売れているようです。まさに今は空前のブームの到来です！　しばらくそれは続いていくような気がします。

また、先日、「肉腫の患者さんのためにどうしたらいいですか」と夢に尋ねて眠りました（普通は1個のがん細胞が1センチメートルの塊になるのに15年かかると言われ、その1センチメートルの塊のがん細胞の総量が5年で1キログラムになって、死亡すると言われています）。

その患者さんは、もう7キログラムとか10キログラムとかの巨大肉腫を9回も手術していて、また手術するというのです。それに坐骨神経を圧迫して痛みと痺れで、身体を動かすのが大変でした。

なんとかしてあげたいなと夢に尋ねたのです。


夢の回答では、私が歌っていて、会場の方が涙を流して癒されていく映像が示されました。ただ、なんの歌を歌っているのかはわかりませんでした。

しかし、寝る前の質問の答えだろうと思って、ワクワクしました。龍体文字のお告げがミラクルで、今度もきっとうまくいくに違いないと思ったのです。


起きてから、はせくらみゆきさんに教えていただいた「水祝詞」（はらひうた）を歌ってみると、粒粒の精霊さんが3個、現れてきました。

「七福神祝詞」も歌ってみると7個現れて、面白いので、「宇宙の唄」を歌ってみると、長いせいか、前より大勢出てきました。

【水祝詞（はらひうた）】

水うるはし　尊しや
真澄《ますみ》　清らに　はらひたり
こおろこおろの　國生みは
神をむかへて　おはしませ

【七福神祝詞】

めぐりて　天龍　昇りしは
花たちばな　匂い香（か）の
あめつち　開けし　開びゃくに
弥栄弥栄（いやさかやさか）　一二三世（ひふみゆう）
めでためでたの　弥勒世（みろくゆう）

天晴れ　天晴れ　えんやらや
（天晴れ　天晴れ　えんやらやは7回繰り返す。
7回唱えたのち、「いよ〜っ」パチン！　の柏手を一つ打ち終了）

謡創作　はせくらみゆき

詳細：㈳あけのうた雅楽振興会ホームページ
http://akenoutagagaku.com/

宇宙の唄　サークル・マインド

夜空仰げば　宇宙が見える
宇宙に星が　またたいている
宇宙に出れば　地球が見える
青く廻った　地球が見える

地球を見れば　海が見える
雲間に波が　キラキラ光る
海に出れば　大地が見える
波の向こうに　大地が見える

大地を見れば　花が咲いている

歌詞　福澤もろ
作曲　福澤もろ

色とりどりの　花が咲いている
花を見れば　命が見える
いろんな命　息づいている

命を見れば　人が見える
同じ大地に　生きる人が
人を見れば　愛が見える
優しく心に　光る愛が

愛を見れば　自分が見える
夜空仰いだ　自分が見える

宇宙には星　大地には花
人には愛が　愛があればいい……

宇宙には星　大地には花
人には愛が　愛があればいい

そして……

夜空仰げば　宇宙が見える
宇宙に星が　またたいている

ララ……

それで、その患者さんが来られたときに歌ってみると、神経痛が楽になって、できなかったうつぶせも一瞬のうちにできるようになりました。とても喜ばれました。

目に見えない精霊の存在が癒しになるなんて素敵ですね。

そんなことがあってから、ワークショップのときなどに歌ってみると、会場が温かいエネルギーに満ち、どういうわけか涙が出てきたという方が出てきて、夢と同じことが起こっているようです。夢の世界は、時間がない世界ですね、２０１６年に公開され、大ヒットした長編アニメーション映画「君の名は。」（新海誠監督作品）は、３年前に亡くなった女の子と男の子が入れ替わるというお話でした。

龍体文字は５５００年前にウマシアシカビノヒコジという神様が編纂《へんさん》した神代《じんだい》文字です。ということで、天皇家の祖先がかかわるということで、伊勢神宮に保管されていましたが、昭和天皇が安藤妍雪《あんどうけんせつ》先生と面会したときに、龍体文字を見せて書き取ることを許されたので、今日龍体文字を書いたり使ったりできるのです。

５５００年以上前の神様の恵みが、30年以上前の昭和天皇の決意が、今ここに現れているわけです。ちょうど龍のブームのときに、偶然ではなく。

「宇宙の唄」は福澤もろさんが作詞作曲で作ったものです。

福澤もろさんは、１回臨死体験をして、生き返るときに、神様に、「10年間命をあげる。その間に、世界を一つにする唄をつくってください」とお願いされたそうです。

そして10年後ぴったりに亡くなって、その間につくった代表的な曲が「宇宙の唄」です。

何回も臨死体験をした木内鶴彦先生も、生き返るときに神様に「地球を一つにしてください」とお願いされたそうです。

神様は、みんなの親だから、兄弟は仲良くしてほしいと思います。地球に生まれてきて人間のボディをまとった魂たちは、愛の勉強に来ているのですから、お互いを愛し、愛される勉強をして、すべてはつながっていることを感じてほしいと思っていることでしょう。そして愛の星地球を実現してほしいと思っていると思います。

人間どうしの競争の社会では、気がつかないかもしれませんが、実はこの世は愛に満ちています。

人間どうしの関係で、1番になってやろうとは思わないけれど、平均くらいの家に住み、仕事につき、家庭を持ちと思っているかもしれません。そうしてレベルを気にしてがむしゃらに生きていると忘れているかもしれませんが、生まれる前、自分はどんな人生を送って、どんな魂の成長をしようと思っていたのかな。ほかの人と比べるのでなくて、自分の魂がワクワクするのはどんなときかな。

ちょっと断食してみると、いつもの景色が、輝いて見えるかもしれません。当たり前だと思っていたことが、とてもありがたいことだったとわかるかもしれません。


私の体が今ここにあるためには、33代さかのぼると80億人以上のご先祖がいることになります。1000年くらいさかのぼっただけです。

その誰か一人が欠けても、今の私はいないのです。

みんな気候の厳しいときも、貧乏なときも病気のときも、結婚して子供をつくって育てて一生懸命生きて、そして命をつないでいって、家族で愛し合って、助け合った1000年だったのです。

その1000年の間、いつも太陽があり、水があり、大地があり、食べ物があって、生きてゆけたのです。地球の意識のガイアが引力で愛の吸引力で、地球の形を守ってくれたから、今ここに私はいるのです。当たり前のことではなかったのです。


東洋医学では、「気」とか「プラーナ」といって目に見えないけれど、重要な、エネルギーのような生命力があるという前提で、「気血」の働きを正すことが健康への道と考えられています。

目に見えないものを「気」と言い、物や形あるもの、目に見えるもの、この世のものに属して肉体の中に流れるものを「血」と言って、見える肉体に見えないエネルギーが入って、人間は生きていると考えられています。

生き続けの魂、霊があって、目に見えない世界からきて、体の中に入り生まれて、肉体から霊が抜けると死んでいくと考えられています。健康に関しても、その見えない気のエネルギーを上手に活用することが長命になり、健康になります。

プロの治療家が漢方を施す、物質の投薬で身体を整え、患者が家でみずから物質の食べ物で身体の養生をする。それとともに、プロの外気功を施して触手療法を受けたり、鍼灸治療で全身にめぐらされている経絡の中の気を入れたり邪気を抜いたりして、治療をする。患者も、呼吸法などをして気を取り入れる。

昔は、仙人になるための学問、仙道というものがあって、気をたくさん体に取り入れる食べ物や食事療法が研究されていました。今、新しい名前で出ている気功はもとは仙道の呼吸法です。仙道なんていうと古めかしいので、新しい名前で「気功」になったのです。

仏教では、目に見えない世界を「空《くう》」と言い、この世の世界を「色《しき》」と言って、「色《しき》即是空《そくぜくう》」「空即是色《くうそくぜしき》」、この世とあの世はつながっていて影響し合っている。生きている間に魂のレベルを上げると、死んでからの見えない世界に行くと特進できる。また、この世がよい世界になれば見えない世界もまたいっそう素晴らしくなると言っている。目に見える世界も見えない世界もつながっている。過去生きた人の努力も頑張りも、今の私の体につながっている。地球のすべての命ともつながっている。と説いています。

元号が変わるとき、昔の英知がよみがえり、今を生きる人の祈りと結びついて、愛と慈悲の波動に満ち溢れて、見えないけれど大切な魂や、精霊や龍やエンジェルが活発になってくると思います。

２０１９年４月吉日

あとがき――美しくも力強い新元号とともに

しののめのぉ〜、空はあけたり、朝ぼらけぇ〜〜

と適当に節をつけながら、パソコン越しの向こうに見える空を眺めると、東の空から赤く染まった太陽が、山の向こうから静々と顔を出して、あたりを光で包みだしています。私は、ホッと安堵の息をつきながら、このあとがきを書いています。

思えば、編集者さんより「新しい時代に向けたメッセージ本を書きませんか？」とお声がけいただいたのが、梅の花が咲いた頃。「そうですねえ。で、いつ頃、出版の御予定です？」と伺うと、「5月1日の御代替わりの日に」だとのこと。

「ハァ？　無理です。新元号発表は4月1日ですよ。それって3日くらいで書け？　ということですか？」

「ええ、そうです。はせくらさん、いつも原稿書くのが速いでしょ」

「そんなぁ…できませんってば。…あ、いえ、できませ…、あれ？　いえ、できます」と、こんなやりとりでスタートした本書は、無事、当初の予定どおりに終えることができました。

本当は、そんな時間内ではまず無理なので、お断りしようと思っていたのですが、やりとりしている最中に、脳裏では書籍の姿が見えてしまったので、思わず「あれ？」とつぶやいて、「できます！」と断言してしまったのです。


こうした仕事の進め方は、ちょっとびっくりかもしれませんが、本書でお伝えしているパラルドワールド的考えでいくと、「なる」のではなく、すでに「ある」のだから、大丈夫と思い、お引き受けすることにしたのです。

加えて、私の本体である「いのち」が、どうやらとてもやってみたいことだということがわかったので、私はますます安心して、4月1日の発表を待つことにしました。

実際、書き始めると、言葉がうわーっとあふれ出てくるので、パソコンを打つ手が追いつかず、もどかしいほどでしたが、なんとか無事、終えることができました。

もちろんこれは、私一人だけでやり遂げられるものではなく、休日返上で書籍の形として仕上げてくださるプロの方々の協力があってこその賜物です。編集の豊島裕三子さん、デザイナーの三瓶可南子さん、スタッフの皆さま、そして龍体文字とエッセイでコラボしてくださった森美智代さん、本当にありがとうございました。

皆さまのお陰で、令和時代の早い段階で、本をお届けできる運びとなりました。

本書を創るプロセスの中で、ドキッと（ゾワッかも）したことがあります。

それは、カバーのデザインがあがってきたときです。

事前に、カバー用の候補の絵を、いくつか送っていたのですが、実際にあがってきたのはそのどれでもない、私のホームページ上にあった絵でした。

絵のタイトルは「新生」といいます。

赤と青がある2枚セットの青のほうの絵です。

この作品はちょっと変わっていて、同じ絵の中に、異なる絵が6種類、重ね塗りされているんですね。なので、現在、見えている絵が7層目のものになるんです。なぜ、そんな描き方をしたのかというと、最初に描いたモチーフが力強すぎて、描くたびに変化《へんげ》するため、形象が定まらず、やっと7枚目の重ね描きで収まった、その最初のモチーフこそが、「龍」だったのです！

そもそも、今回のお話をいただいたときに、たまたま見た日本地図が、龍の姿に見えて、そこから鳳凰《ほうおう》が飛び立っていく、というイメージが湧いたので、これはきっと龍のエネルギーを入れたほうがいいんだなと思い、すぐさま、龍体文字を描く森美智代さんに、本のコラボをお願いしたのでした。

けれども、まさかカバーまで龍がくるとは思わなかったので、ドキッとしたんですね。……もう、まいっちゃうなぁ。天はいつも寸分の狂いもなく、ちょうどいいときに、ちょうどいいことが、ちょうどいいふうに起こるように、仕組んでくれているんだなぁと思うからです。そんな天の粋《いき》な計らいに、いちいち驚きながら（笑）、感動していま す。

なお、巻頭の口絵に掲載しているもう一つの絵である和風のアート「日《ひ》の本開闢《もとかいびゃく》―黎明令和《れいめいれいわ》の天《あま》つ風《かぜ》―」という作品ですが、こちらは、時代の持つエネルギーをアートに託してみようと思い、昨秋制作したものです（２０２０年のカレンダー用アートにと思って描きました）。

和歌（やまとうた）のほうは「令和」が発表になってから創りました。……というか、朝起きたら、完成していました（心の中で）。

とくに、「黎明令和」という言葉が繰り返し響くので、「これはいったい何ですか？」と内奥に問うと、

「黎明令和は、夜明けて開《ひら》く大調和（弥勒の世）という意味です」

と言います（閃きます）。

そして、

「もうすでに天岩戸《あまのいわと》は開いているから、あとは心の岩戸を開いて、天の御心のままに、進んでおくれよ」

という想いが届くので、「ふーん、そういうものなのかぁ」と思いました。

また、黎明令和の黎明という字は、令命という言葉にも変換でき、その意は〝天意のまま生きていこうとする命〟としてとらえられるなぁと思い、感心していたところ、ハタと、逆さ文字は「命令」であることに気がつきました。

あ、そうか！　本来の「命令」は、誰かに指図されるのではなく、肉体を持った神である私（命）が、天意のままに生きる（令）という、自発的な命の発動の仕方だったんだな、と直覚したのです。

この発見!?　で、「命令」という言葉が、素敵なものに感じちゃう私って……単純(笑)。

とはいえ、命令の意味は本来こうなんですよとか、縛りの令はだめで、美しい令だったらオッケーなんですよ、というつもりもまったくないんですね。

きっと私も含めて多くの人が望んでいるのは、比較や対立で、違うよといって敵をつくることじゃなくて、それぞれにある、それぞれの真実(個性や性質)を認めながら、ケンカすることなく、なるべくわかりあえますように、って願っているんじゃないかなーと思います。

たとえ、もしわかり合えないなら、それはそれでいいから、ちょっと離れておきますねーみたいな感じ、かな。

そのうえで、誰もが、私たちの本質そのものである根源意識を共有して、共存共栄できたら、すごく楽しいだろうなと思っています。

それはまさしく、ミナカ意識の共有でもあり、どんなあらわれ方をしようとも、根っこではもと一つにつながっていると考えて、思いやる心とともに、誇り高く生きていく。

そんな実践の道しるべとなるものが「令」であり、その地平が指し示している世界が「和」なんだろうな、と感じています。

この美しくも力強い元号に護られて、年月を重ねられる幸せ。うれしいなぁ。

ふと見ると、外は真っ青な日本晴れとなっています。

オレンジ色だった太陽は、今はまぶしくて、直視することはできません。

風は和らぎ、うらうらと春の装いです。今宵は令月が観られることでしょう。

……あれっ、心の奥から、何か騒がしいような気配が……？

そうっと内奥を覗いてみると、

あな面白、あな手伸し…、あな面白、あな手伸し…

心の奥座敷では、手振り足振りで、楽しげに踊っている、神様たちの姿を感じます。
その姿に加えて、同じ格好をしたもう一人の私、今、この本を手に取っておられるもう一人のあなたが、えんやえんやと歌い、踊っているのが観えます。

あな面白、あな手伸し…、あな面白、あな手伸し…
弥栄、天晴れ日本晴れ。日の本開闢、あな手伸し…

どうやら、神様たちの饗宴はまだまだ始まったばかりのご様子。
さぁ、もっと賑々しく、たくさんの神様たちとともに、瑞穂《みずほ》豊かなこの国で、神遊びを愉しんじゃいましょう！

平成31年4月4日　桜満開の春の日に

はせくらみゆき

はせくらみゆき

画家・作家。生きる歓びをアートや文で表すほか、芸術から科学、ファッションデザインまで、ジャンルに囚われない幅広い活動から「ミラクルアーティスト」と称される。とりわけ、詩情あふれる絵画は、日本を代表する画家として、美術館での展示のほか、世界の美術シーンで活躍中。2017年には、インド国立ガンジー記念館より芸術文化部門における国際平和褒章を授与される。他にも舞楽の謡を創作するかたわら、和心を学ぶ雅楽団体を主宰し活動を続けている。また、全世代型教育コンテンツとして発表された日本語再発見ツール「おとひめカード」及び次世代型教育法「インサイトリーディング」の開発者としても知られる。
主な著書に『宇宙を味方につける　リッチマネーの秘密』『新しいわたしと出会う幸せ手帳』（ともに徳間書店）、『人生が輝きだす30＋１の言葉』（ワニプラス）など多数ある。
一般社団法人あけのうた雅楽振興会代表理事。英国王立美術家協会名誉会員。

◆はせくらみゆき公式 Web Site　https://www.hasekuramiyuki.com/
◆おとひめカード　https://www.hasekuramiyuki.com/otohimecard
◆一般社団法人あけのうた雅楽振興会　http://www.akenoutagagaku.com/

森美智代（もり みちよ）

1962年生まれ。短大卒業後、養護教諭として大阪府で勤務中に難病の脊髄小脳変性症を発病。以来、西式甲田健康法を実践し、難病を克服。その後、鍼灸学校に入り、鍼灸師の免許を取得。現在、大阪府八尾市で森鍼灸院を開業。１日約50キロカロリー青汁１杯とサプリメントだけの生活を20年近く続けている。著書に『「食べること、やめました」』『「おうち断食」で病気は治る』、町田宗鳳氏との共著に『「ありがとうを言う」と超健康になる』、秋山佳胤、山田鷹夫氏との共著に『食べない人たち』『食べない人たち　ビヨンド』（以上、マキノ出版）、『「食べない」生き方』（サンマーク出版）、『新装版　断食の教科書』（ヒカルランド）、『開運！龍体文字の奇跡』『書いて開運！龍体文字練習帳』（ともにマキノ出版）。

◆ホームページ　http://www004.upp.so-net.ne.jp/mori-harikyu/

映画『不食の時代』白鳥哲監督、映画『「食べること」で見えてくるもの』（サンマーク出版配給）に出演。

JASRAC 出 1904064-901

令和の時代が始まりました！
日《ひ》の本《もと》開闢《かいびゃく》と龍体文字

第1刷　2019年4月30日

著　者　はせくらみゆき　森美智代
発行者　平野健一
発行所　株式会社徳間書店
〒141-8202　東京都品川区上大崎3-1-1
目黒セントラルスクエア
電　話　編集（03）5403-4344／販売（049）293-5521
振　替　00140-0-44392
本文印刷　（株）廣済堂
カバー印刷　（株）廣済堂
製本所　東京美術紙工協業組合

ISBN978-4-19-864840-4